Maîtriser les conflits

Éditions d'Organisation
Groupe Eyrolles
61, bd Saint-Germain
75240 Paris cedex 05

www.editions-organisation.com
www.editions-eyrolles.com

© Groupe Eyrolles, 2007
ISBN : 978-2-212-53903-5

Daniel Feisthammel
Catherine Isasa
Pierre Massot

Collection « Autorité, mode d'emploi »

Maîtriser les conflits

EYROLLES

Éditions d'Organisation

Dans la même collection, des mêmes auteurs :

Développer son autorité

Gérer les personnalités difficiles

Des mêmes auteurs :

Conduites professionnelles, conduites de management, Éditions Liaisons, 1997.

ISO 9001, Mode d'emploi pour les PME, Éditions AFNOR (sur le référentiel de 1994 paru en 1998 et sur le référentiel 2000 paru en 2001).

Pilotage des compétences et de la formation, Éditions AFNOR, 2001, 2005.

Fondamentaux du pilotage et de la performance, Éditions AFNOR, 2005.

Guide pratique de certification des services à la personne, Éditions AFNOR, 2006.

Manager, grimpez l'échelle ! Clés pour progresser sans devenir un « petit chef » !, Éditions Maxima, 2007.

Sommaire

Introduction

La collection « Autorité, mode d'emploi »

Cet ouvrage est le deuxième d'une collection consacrée à l'exercice de l'autorité sous tous ses aspects et dans tous les contextes. On trouvera dans le premier, *Développer son autorité*[1], les bases de notre analyse et de nombreuses ressources sur les pratiques d'autorité. Le présent ouvrage traite plus spécifiquement des conflits d'autorité dans leurs causes et leurs effets, et propose plusieurs outils pour les gérer.

L'autorité dans tous les contextes

Les problèmes de l'autorité se retrouvent souvent à l'identique dans toutes les situations où doit s'exercer de fait une fonction d'autorité : la famille, l'école, les associations, l'entraînement sportif, les corps de tutelle (police, armée…), les institutions, le management en entreprise, la sécurité, les organisations politiques, etc.

Dans chacun de ces contextes, les conflits d'autorité s'expriment de façon différente et demandent des réponses particulières. Ils sont néanmoins très proches dans leur nature, et les leviers qui permettent de renforcer l'autorité ou de la rendre efficace sont les mêmes.

L'objet de cette collection est de révéler les ressorts communs à toutes les situations pour permettre au lecteur de développer son autorité dans chaque milieu où il peut l'exercer.

---

1. Daniel Feisthammel et Pierre Massot, Éditions d'Organisation, 2007.

L'autorité : du management à la vraie vie

Cette collection s'adresse d'abord au manager, entendu au sens le plus large. Les auteurs, conseils et formateurs en gestion des ressources humaines, ont élaboré progressivement un ensemble cohérent d'outils et de ressources pour la pratique du management.

Comme chacun d'entre nous, ils sont impliqués dans des environnements très divers ; de leurs expériences d'entreprise à leur histoire familiale et à leurs vécus associatifs, ou en tant que simples citoyens, ils ont mesuré à quel point ce bagage pouvait leur servir dans tous les domaines. Dans toutes ces occasions et par l'observation parfois déconcertante, sinon décoiffante, des agitations sociales et politiques, ils ont pu faire un double constat :

• toutes les fonctions d'autorité peinent aujourd'hui à s'imposer ;
• la défaillance est souvent liée à des pratiques inopérantes et comparables sur le fond, quel que soit le milieu.

Cet ouvrage a donc pour but d'éclairer et d'aider utilement les personnes en charge d'une fonction d'autorité, quelle qu'elle soit.

À tous les chefs de quelque chose... mais également à leurs « sujets »

Cette collection s'adresse donc à toutes les personnes qui occupent des fonctions d'autorité : managers de tous niveaux, cadres, dirigeants, chefs de produit, chefs de file, chefs de projet, chefs de famille, grand frère ou grande sœur, responsables, donneurs d'ordre, maîtres d'ouvrage, organisateurs, animateurs, cadres ou leaders politiques, militaires, hiérarchiques, capitaines d'équipe, entraîneurs, présidents, officiers, ecclésiastiques, etc.

On les appellera ici le plus souvent les « tenants de l'autorité ».

Qu'elle soit officielle, confiée, naturelle ou librement acceptée, la fonction d'autorité pose finalement les mêmes problèmes à ceux qui en ont la charge. Ils se retrouveront donc un peu partout dans ce livre, quel que soit leur monde.

Mais ces ouvrages sont également conçus pour être lisibles et utiles à leurs subalternes, équipiers, collaborateurs, enfants, managés, etc. Car s'ils fournissent les ressources pour développer son autorité, ils posent aussi les règles du jeu, dans l'intérêt mutuel des protagonistes. Les « assujettis » de toutes sortes y trouveront de quoi comprendre et analyser la pertinence de ce qu'on leur impose, ou de ce qu'on omet bizarrement de leur imposer, comme de la façon dont l'autorité s'exerce.

On les appellera ici le plus souvent « personnes dépendantes » ou « dépendant de l'autorité », ou « ressortissants ».

Une collection boîte à outils

Chaque ouvrage de la collection suit une trame identique :

- une première partie consacrée à l'exposé des notions de base, des ressources de fond et des règles d'efficacité : ce qu'il est utile de savoir ;
- une seconde partie dédiée aux procédés et aux comportements permettant de gagner en efficacité ; des applications pratiques seront déclinées pour chaque situation, et pour chaque protagoniste.

Toutes les ressources proposées sont cohérentes car développées à partir de la même boîte à idées. Les auteurs les ont éprouvées et adaptées de façon pragmatique.

Les clés de la gestion des conflits

Toutes les personnes en charge de l'autorité sont confrontées à un moment ou à un autre à des conflits. Conflits entre autorité et ressortissants, conflits entre ressortissants, conflits entre autorités, conflits entre tiers (clients, collègues, voisins…), conflits personnels du tenant de l'autorité, tous sont fortement perturbateurs pour l'activité et l'exercice de l'autorité.

Pour les résorber, il faut souvent y consacrer beaucoup d'énergie et beaucoup de temps. Même résolus, les conflits affectent durablement les relations et affaiblissent l'autorité.

Les tenants de l'autorité ne sont pas tous des psychologues et il est inconcevable qu'ils le deviennent. Mais ils doivent faire face dans tous les cas et trouver des moyens efficaces pour réduire les effets des conflits.

Cet ouvrage leur propose des ressources pour gagner en puissance sans utiliser des techniques psychologiques sophistiquées. Applicables quelle que soit leur personnalité, elles ne nécessitent ni introspection, ni investigation, ni analyse des ressorts intimes de leurs interlocuteurs.

Les outils et les techniques proposés sont issus d'une observation répétée des comportements qui se révèlent efficaces et inefficaces. Certains des apports sont cependant empruntés à des méthodes de développement personnel, mais ils sont présentés dans une approche pragmatique.

Ils peuvent être adoptés par n'importe quel tenant décidé à discipliner ses propres conduites.

Le champ de nos travaux concerne tous les conflits ordinaires, des plus petits aux plus graves, qui empoisonnent les relations, qui empêchent les bons fonctionnements, affectent la réussite, et peuvent menacer la famille, l'entreprise, l'association, le groupe…

Nous ne développerons pas les conflits destructeurs ni le cas particulier des personnalités très difficiles qui font l'objet d'un autre ouvrage. Ici, nous étudierons surtout les comportements des personnes ordinaires, avec leurs caractères et leurs défauts, en considérant que nous pouvons tous, tenants de l'autorité comme ressortissants, être pris dans la spirale des conflits.

Il n'existe pas de recette miraculeuse pour résoudre un conflit dans l'instant, sans coût et sans effort, et pour la plus grande satisfaction des protagonistes. Tout le monde y laisse toujours quelque chose ;

mais il est possible d'améliorer sensiblement la gestion et les effets des conflits.

L'objectif de cet ouvrage est donc d'aider les tenants de l'autorité à maîtriser un peu mieux les conflits pour :

- les résoudre plus rapidement ;
- y dépenser moins d'énergie, psychologique et physique ;
- en sortir tout en ayant préservé l'existence et la qualité de la relation ;
- en réduire les impacts sur le reste du système ;
- renforcer la puissance et assurer la pérennité de l'autorité ;
- obtenir évidemment un meilleur résultat sur le terrain de l'enjeu particulier à chaque conflit.

PREMIÈRE PARTIE

LES DONNÉES DU CONFLIT

Cette partie décrit et analyse des situations de conflit. Elle fournit des repères utiles pour leur gestion et pose les bases d'une approche stratégique.

Faut-il s'impliquer dans les conflits, et comment ? Nous proposons ici de nombreux autres modes de résolution des désaccords.

Chapitre 1

Les conflits en question

Dans les entreprises, les formations à la « gestion des conflits », souvent demandées par les managers, n'attirent pas les foules. Pourtant, les conflits ne manquent pas. Peut-on vraiment trouver une situation professionnelle qui n'en présente pas ?

Dans les unités de travail (ateliers, bureaux, services, départements, etc.), on en trouve très fréquemment de même type :

- concurrence professionnelle pour un poste, une affectation, l'appropriation d'une activité, d'un dossier, d'un outil, de moyens, etc. ;
- concurrence intellectuelle ou technologique : il faut montrer à tout prix qu'on est plus expert, plus intelligent que tel ou tel autre ;
- concurrence personnelle : prise d'intérêt et interférence dans le territoire d'une autre personne pour essayer d'élargir le sien ;
- rapport de force entre un manager qui veut s'imposer et un collaborateur qui veut conquérir ou préserver son indépendance ;
- confrontation de positions irréductibles sur des sujets de type politique, idéologique, moral, etc. ;
- désaccord et manœuvres entre responsables sur la nomination des personnes, la répartition des moyens ;
- refus d'assumer une décision, une activité, ou d'assurer une tâche : on se renvoie la balle ;
- hostilité entre métiers, accusations d'incompétence ou de négligence entre secteurs ou services différents (entre vente et après-vente par exemple) ;
- litige financier et administratif (horaires de travail, charges non payées, etc.) ;

- réaction brutale à un sentiment d'injustice, de non-reconnaissance ou d'absence de valorisation du travail ;
- inimitié personnelle : on conteste systématiquement tout ce que dit et fait l'autre, voire on entrave son travail ;
- brouille ou querelle affective entre personnes ayant une histoire commune hors du cadre professionnel (amours, amitiés, famille, associations, etc.) ;
- etc.

En théorie, pour résoudre tous ces sujets de désaccord ou d'opposition, les protagonistes pourraient choisir d'autres méthodes que la bagarre, les mauvais coups, les manœuvres insidieuses, la calomnie ou les cris. De fait, ils sont nombreux à utiliser spontanément des leviers agressifs pour obtenir gain de cause. On reviendra sur les raisons de cette option aventureuse et pour le moins inconfortable.

Dans l'immense majorité des cas en effet, les protagonistes s'empêtrent dans les conflits ; ils en sortent éprouvés et très rarement avec élégance. Pourtant, ils les perçoivent comme une fatalité angoissante : s'ils souhaiteraient avoir des moyens pour y faire face, ils ne croient guère en l'existence de leviers efficaces à leur portée.

En effet, qui n'a pas connu, au cours de son enfance ou son adolescence, des conflits désagréables avec sa famille, à l'école, avec les copains ou les autorités en tous genres ? Ces conflits mal résolus nous ont laissé à la fois un sentiment d'impuissance face aux manœuvres de l'adversaire et la peur d'un échec final (complet ou partiel). Leur évocation est donc déplaisante et douloureuse ; et c'est peut-être pour cela que nous répétons les mêmes comportements. L'observation des conflits montre que les protagonistes ont souvent peu d'analyse sur ce qu'ils font et sur l'efficacité réelle de leur conduite.

En situation conflictuelle, leurs conduites sont généralement hasardeuses. Elles sont davantage motivées par des ressorts affectifs et des enjeux à court terme (s'en sortir, gagner, avoir raison, abattre l'autre), que par des logiques d'efficacité ou de résolution. On bataille sans la moindre stratégie, en espérant se protéger et porter au plus vite le coup fatal. Le désir de vaincre, vite et totalement, obscurcit la réflexion et déclenche l'usage des expédients. Le conflit est en soi un gâchis, et il peut être aggravé par l'incompétence tactique des protagonistes.

Certes, il n'y a pas de meilleure solution que de le prévenir, ou à défaut de l'éviter. Quand il éclate, il est encore préférable de le résoudre, y compris au bénéfice exclusif de l'un ou l'autre des protagonistes, plutôt que de le laisser dégénérer aux dépens de tous.

En décryptant les mécanismes des conflits, nous avons donc pour objectif d'aider équitablement tous les acteurs à les prévenir ou à construire des solutions pour un bénéfice partagé. À défaut, nous proposons des solutions pour aider l'un des acteurs, le plus lucide, à maîtriser le conflit en ayant gain de cause.

Le conflit enjeu d'autorité, l'autorité enjeu du conflit

Autorité et conflits

La maîtrise des conflits intéresse au premier chef les autorités, de plusieurs façons :

- Les conflits dégradent le bon fonctionnement des systèmes, partout où ils ont lieu.

> Quand deux cadres bataillent pendant plusieurs mois pour obtenir un poste de direction, tout le monde autour d'eux est sous pression, et de nombreux problèmes restent en suspens.

- Les conflits alourdissent la charge de travail de l'autorité, et consomment beaucoup de temps et d'énergie.

> Quand deux chefs de service se mettent réciproquement des bâtons dans les roues, leurs patrons respectifs sont contraints d'entrer dans le détail des sujets de friction, de se réunir, de négocier, de discipliner leurs collaborateurs... pour éviter d'entrer eux aussi en conflit.

- Les conflits entravent toujours l'exercice même de l'autorité. Dans les deux exemples précédents, les protagonistes du conflit remettront plus ou moins systématiquement en cause leurs supérieurs sur leurs compétences, leur compréhension des enjeux, leur responsabilité dans l'origine du problème, etc.

Des conflits réducteurs d'autorité

Le conflit a besoin de latitude pour s'épanouir librement. Dans une situation de tension entre ressortissants[1], quand l'autorité est faible, les conflits se multiplient, durent, s'enveniment. Quand elle est forte, ils sont plus rares, plus courts et moins violents ; ils laissent aussi moins de séquelles.

> Quand deux techniciens se disputent un projet, la situation risque de s'envenimer si leur manager est hésitant et tarde à intervenir ou à trancher. Sa faiblesse les pousse à agir pour le faire « basculer du bon côté ».

En cas de conflit, la passivité du tenant de l'autorité alimente l'escalade des mauvais coups.

L'autorité dispose donc de deux types de leviers face aux conflits qui ont lieu dans sa zone de responsabilité :
- le traitement particulier de chaque conflit ;
- le renforcement du contrôle pour réduire les conflits en général et *a priori.*

---

1. Cf. introduction : nous utilisons ce terme pour désigner toute personne assujettie à une autorité, par opposition aux « tenants » de celle-ci.

On peut également en déduire qu'autorité et conflit s'opposent dans une relation de démolition réciproque.

- Plus forte, l'autorité tend à réduire les conflits.
- Plus forts, les conflits tendent à affaiblir l'autorité.

Mais ce rapport de force est différent lorsqu'il s'agit d'un conflit qui implique le tenant de l'autorité lui-même.

En effet, quand celui-ci est en conflit avec l'un de ses ressortissants, la force de l'autorité est mise au service du conflit. Elle l'alimente au profit du tenant et aux dépens du ressortissant.

Plus l'autorité sera grande, plus vite le tenant aura raison de son adversaire, et plus vite le conflit – au moins en apparence – s'éteindra.

Une autorité réductrice des conflits

En somme, la puissance de l'autorité est un facteur de réduction des conflits, ou du moins de leur expression.

- Quand le tenant n'est pas impliqué, l'autorité limite les conflits.
- Quand le tenant est impliqué dans les conflits, l'autorité lui permet de les régler au bénéfice du système.

Au contraire, la faiblesse de l'autorité amplifie les conflits.

- Quand le tenant n'est pas impliqué, les conflits polluent malgré lui les activités et absorbent les énergies.
- Quand le tenant est impliqué dans les conflits, sa posture d'autorité devient automatiquement un enjeu pour ses opposants, qui n'ont de cesse de la faire voler en éclats et d'achever ainsi de le déstabiliser.

L'autorité cible du conflit

Le conflit exprimé cache bien souvent des raisons différentes de celles affichées.

> Lorsque deux automobilistes se disputent une place de stationne-
> ment, ils s'affrontent sur le fait de savoir lequel des deux était arrivé le
> premier, sur le respect de la priorité, ou sur leurs mauvaises intentions
> réciproques, sur la légitimité à se garer ici…

Mais pourquoi chacun d'entre eux tient-il tant à obtenir cette place,
y compris au prix d'une dispute qui franchit les lignes de la bienséance ? Qu'est-ce qui fait basculer l'un et l'autre dans la menace ou
l'insulte ?

> Sont-ils aussi pressés que cela ? Cela justifie-t-il leur colère ? Les rai-
> sons sous-jacentes peuvent être nombreuses. L'un est peut-être déjà
> très en retard à un rendez-vous vital pour lui. L'autre est peut-être tout
> simplement extrêmement chatouilleux sur l'affirmation de son ego. À
> moins que, tournant depuis vingt minutes, et désespérant de trouver
> une place, il ne soit tout simplement excédé de la situation et de lui-
> même.

Pour quelles raisons réelles entrons-nous en conflit ? Ces raisons sont
généralement liées à des états désagréables motivés par des sentiments
tels que la peur, l'insécurité, l'impuissance, la frustration, etc. Nous
développerons ceci plus en détail.

Autorité impliquée, autorité compétente

Quel que soit le système (entreprise, famille, association, équipe
sportive, etc.), lorsque les problèmes de fond ne trouvent pas de solution, les protagonistes se retournent contre l'autorité.

La personne dont le problème n'est pas résolu ne peut pas s'en sortir
sans l'arbitrage du tenant de l'autorité. Elle risque alors d'entrer en
conflit avec quelqu'un d'autre pour les mêmes raisons de fond (sinon
forcément pour le même prétexte). L'autorité sera très fréquemment
sa nouvelle cible.

Ainsi, lorsque deux employés s'épuisent dans un conflit de territoire, ils finissent par s'en prendre ensemble à leur hiérarchie, accusée de ne pas arbitrer, de vouloir favoriser tel ou tel collègue, d'avoir des intentions cachées, etc.

Au-delà de ce défaut d'arbitrage qui peut lui être reproché, l'autorité peut être attaquée plus directement.

Quand les ressortissants attendent beaucoup d'elle, qu'ils sont peu autonomes, qu'ils se mettent spontanément en position d'assistés, l'autorité devient alors la cause de tous leurs maux et la réponse à tous leurs besoins, c'est-à-dire la cible naturelle, automatique, des conflits engendrés par des souffrances ou des insatisfactions.

L'autorité est condamnée à être compétente dans la maîtrise des conflits. Dès lors qu'elle conduit un système où il peut y avoir des problèmes à résoudre, des situations dégradées, des tensions, des désordres, des intérêts divergents, elle est confrontée à des conflits et se trouve directement ou indirectement impliquée dans la plupart d'entre eux.

L'autorité est au service du système. Elle doit donc être compétente et efficace pour se prémunir contre les dysfonctionnements, pour la réussite des activités et pour le confort des participants. Les autorités incompétentes ou impuissantes à réduire les conflits trahissent leur mission.

À éviter

Dans tous les milieux, certains tenants de l'autorité détestent les conflits. Ils préfèrent les ignorer, les contourner voire les nier plutôt que de les traiter. Cette attitude de fuite est toujours perçue par les protagonistes comme une lâcheté, une forme d'abandon à leur égard.

Cette conduite stupide – le conflit ne disparaît pas pour autant – décrédibilise l'autorité. Elle est surtout inepte car elle alimente toujours le conflit.

Autrement dit, en essayant d'éviter un conflit qu'elle ne supporte pas, l'autorité l'amplifie aux dépens de tous les acteurs. En satisfaisant un besoin psychologique très personnel, elle pousse le système à la ruine. Elle craint d'aiguiser le conflit en le révélant et en exposant ses enjeux ; mais en le délaissant c'est très exactement l'effet qu'elle obtient.

Méthodologie des échelles de niveaux de pratiques « ENP »

Cette méthode, développée dans notre premier ouvrage *Conduites professionnelles, conduites de management*[1], est utilisée pour représenter concrètement les écarts entre les comportements efficaces et les comportements à éviter.

Une « ENP » est un outil d'autoévaluation qui permet de situer sa pratique. Elle est un guide pour la corriger.

Le principe des ENP (échelles de niveaux de pratiques) consiste à formaliser les pratiques professionnelles sur quatre niveaux gradués en fonction de leur degré d'efficacité.

Échelle de niveaux de pratiques de l'autorité : prise en charge des conflits

Comment le tenant de l'autorité prend-il en charge les conflits qui apparaissent dans sa zone de responsabilité ?

On peut observer plusieurs types de comportements, hiérarchisés ici selon la méthodologie originale des « échelles de niveaux de pratiques » (ENP).

Le niveau 4, le plus élevé, est le plus efficace dans l'exercice de l'autorité.

Le niveau 1, le plus bas, est le plus catastrophique.

---

1. Pierre Massot, Daniel Feisthammel, Liaisons, 1997.

4	Veille à l'apparition et au développement des conflits potentiels en repérant en amont les insatisfactions et les besoins.
	Anticipe la résolution des sources de conflits en impliquant les protagonistes dans la recherche des solutions.
	Met en place des modes de communication auxquels il participe pour prévenir et résoudre les conflits.
3	Répond aux conflits dès qu'il en a connaissance et met rapidement à plat les données et les enjeux.
	Se positionne comme arbitre, entend tout le monde, examine les faits et distribue les obligations.
	Reconnaît ultérieurement sa part de responsabilité dans la genèse du conflit et corrige son intervention.
2	Traite les conflits le plus tard possible, accepte de s'en occuper du bout des lèvres seulement quand le conflit a éclaté et débordé.
	Renvoie les protagonistes dos à dos ou prend parti pour celui qui a l'air le plus innocent, coupe la poire en deux par principe, et considère que le sujet est clos.
	N'est jamais responsable des dérapages, répète qu'il avait demandé à tous d'être bien gentils, et rappelle qu'on forme à nouveau une belle famille.
1	Continue à nier les conflits même après qu'ils ont fait de gros dégâts. Ne s'est rendu compte de rien, ce n'était qu'un incident mineur ou un fantasme.
	Ne veut plus en entendre parler, chacun sachant ce qu'il a à faire.
	Sanctionne celui qui est venu lui en parler, même si ce n'est pas un protagoniste.
	Déclare qu'il est victime d'une campagne de dénigrement, que tout va bien chez lui, qu'il ne comprend pas pourquoi on invente de telles choses.

À quoi servent les ENP

Elles évaluent la façon dont chacun traite les anomalies inhérentes à sa fonction et prend en compte l'environnement.

Nous sommes confrontés en permanence à un grand nombre de distorsions entre la norme et la réalité, notamment dans les situations professionnelles : lacunes, retards, défauts, erreurs, etc. Ces anomalies sont dues à l'accélération des changements, à la pression sur les moyens, à la complexité des structures, à la concurrence, etc. Elles affectent tous les aspects des activités : livraison, information, exécution, qualité des produits, efficacité des outils, actualité des méthodes, etc.

Il n'y a nulle part de cas de figure normal où tout se passe dans la perfection. Que nous soyons tenants et ressortissants, nous ne répondons pas de la même façon à ces distorsions. Certains y font face, d'autres les contournent.

Matrice des ENP

Une des bases de la méthodologie est de distinguer ces réponses aux quatre niveaux.

Niveau 4 : Amélioration

La personne prend en compte spontanément tout son environnement, en particulier l'intérêt des autres : elle compense ou répare les problèmes des autres et de l'environnement. Elle assume la complexité des situations. Elle fait progresser les processus et les équipes.

Ce niveau, le plus élevé, conduit au *leadership*.

Niveau 3 : Adaptation

La personne prend en compte plus particulièrement ses responsabilités techniques : elle se débrouille pour rester opérationnelle. Elle compose avec les tensions dans sa propre sphère sans s'occuper des répercussions au-delà.

Niveau 2 : Application primaire

La personne est centrée sur elle-même : elle ne traite pas les problèmes. Elle reproduit le même comportement en toutes circonstances. Elle fait le minimum, sans coopérer. Elle augmente le taux de distorsion pour les autres.

Niveau 1 : Aggravation

La personne est mue par ses émotions, imprévisibles. Elle génère des tensions, même confrontée à des situations « normales ». Elle développe un comportement aléatoire, voire inadéquat. Son activité est incomplète et puissamment perturbatrice pour les autres.

Toutes les pratiques d'autorité peuvent être décrites selon cette logique : la compétence mise en jeu ne porte pas exclusivement sur des gestes techniques mais sur des comportements, des modes de réaction, des actes de gestion des hommes et des situations.

Échelles de niveaux de pratique de l'autorité

La plupart de ces échelles sont facilement et utilement transposables dans tous les domaines.

Cet ouvrage propose plusieurs échelles portant sur des pratiques de l'autorité et plus spécifiquement sur la gestion des conflits. On peut les utiliser pour situer précisément son niveau général de pratique de l'autorité.

Ce repérage peut nous aider à comprendre nos propres ressorts, à identifier certaines causes de nos difficultés comme de nos réussites. Il peut aussi aider à progresser vers le niveau 4 et accéder au *leadership*.

Celui qui se reconnaît, même ponctuellement, dans certains points des niveaux 2 et 1, peut s'interroger sur sa politique d'autorité et imaginer les corrections à y apporter.

Conflits : la guerre des nerfs

Définition

Le conflit ne se réduit pas à une simple opposition entre personnes. Plusieurs éléments caractérisent son déclenchement et son développement.

Nature du conflit

Chacun des protagonistes ne s'intéresse qu'à la satisfaction de ses propres besoins sans prendre en compte ceux des autres (impliqués de près ou de loin), et ce quels qu'en soient les coûts.

L'un, l'autre ou les deux peuvent utiliser n'importe quel moyen pour atteindre leur but, y compris des leviers sans rapport avec l'objet du conflit, voire qui dépassent les normes de la relation sociale. Par exemple, l'usage de lettres anonymes de dénonciation au fisc n'a rien à voir avec la nature d'un conflit de voisinage.

Celui qui s'engage dans une stratégie conflictuelle ne cherche pas à convaincre son interlocuteur ni à obtenir de lui une concession ; ce qui l'intéresse est de le déstabiliser, de l'affaiblir ou de dégrader ses moyens jusqu'à le faire céder. On peut ainsi calomnier un concurrent pour un poste de façon à le décrédibiliser afin d'emporter la nomination.

Tout est bon pour mettre l'autre en difficulté afin d'obtenir gain de cause. Au pire, on va jusqu'à le terroriser ou même le détruire physiquement[1].

Exemple dans l'entreprise : la pièce 42C

Dans les locaux de l'entreprise, la pièce 42C est une petite salle de 11,5 m², assez triste, dont la seule vitre, sans store, donne sur le couloir. Jusqu'à présent, elle servait vaguement de salle de réunion et à entreposer des équipements divers. Comme la charge de travail du département auquel elle est affectée augmente, la direction accepte que le manager recrute une assistante stagiaire à plein temps pour épauler le personnel administratif. Mais où va-t-on l'installer ? Il n'y a pas de bureau disponible : la direction réduit les moyens de partout et tout le monde est déjà très serré ; il est hors de question de laisser

---

1. Au contraire, ce n'est pas parce qu'on échange des coups qu'on est nécessairement en conflit. Sur un ring de boxe, les boxeurs ne sont pas en conflit, même s'ils peuvent l'être dans leurs déclarations croisées à la presse.

la jeune fille livrée à elle-même dans la pièce 42C. Il faudra qu'une personne du service administratif s'y colle pour libérer une place. Ce ne sera pas, bien entendu, la chef de groupe, à quelques mois de sa retraite, et qui occupe un petit bureau individuel. La stagiaire prendra donc la place d'une des trois secrétaires installées dans un grand bureau. L'une d'entre elles, affectée aux productions documentaires, au secrétariat partagé et aux comptes-rendus des réunions de direction, doit être disponible à tout moment ; elle ne bougera pas. Il en reste deux, Agnès et Bernadette, dont le travail n'exige pas d'implantation physique particulière.

Jusque-là, les relations entre les deux femmes étaient neutres, ni amicales ni hostiles. Dès qu'elles apprennent que l'une d'entre elles va hériter de la pièce 42C, le conflit commence. L'une et l'autre font alternativement le siège du bureau de la chef de groupe. Les disputes se multiplient. Aucune des deux, elles le répètent à qui veut l'entendre, n'imagine pouvoir faire son travail dans de telles conditions.

Bernadette tente d'activer le soutien de son amie la troisième secrétaire qui rencontre les patrons régulièrement ; Agnès essaye de mobiliser le syndicat, mais surtout l'adjoint du patron qui lui fait si souvent de larges sourires. Puis des bruits courent sur des liens très privilégiés que Bernadette entretiendrait avec le chef comptable. On voit alors apparaître des éléments, inconnus jusqu'alors, de dossiers anciens plutôt mal ficelés par Agnès. Un matin, un dossier de Bernadette a disparu. Elle accuse aussitôt Agnès, qui crie à la calomnie et menace de porter plainte : pour elle, c'est Bernadette qui aurait volontairement égaré son travail. Des gifles sont échangées…

Du point de vue de l'autorité, le conflit est un puissant destructeur de la cohésion du groupe et un danger extrême pour le système. Il absorbe les énergies, altère les ressources, affecte les capacités des participants, détourne des objectifs. Il n'y a pas de bon conflit.

Le conflit crée des blessures durables qui réduisent la motivation, les capacités d'engagement et de participation des acteurs du système.

Que ce soit Agnès ou Bernadette qui en hérite, celle qui se retrouvera dans la pièce 42C restera très sûrement humiliée et amère, à la fois d'avoir perdu et de devoir subir une situation qu'elle craignait.

Objets et raisons du conflit

Le conflit peut porter sur n'importe quel sujet de divergence, de concurrence, ou d'inimitié. Mais ce sujet en lui-même n'en est pas la cause unique.

> Trois gamins trouvent un ballon. À qui reviendra-t-il ? La situation peut évoluer de plusieurs façons :
> - ils en débattent et décident d'en être « copropriétaires » : il n'y a pas de conflit ;
> - ils décident d'en accorder la propriété à l'un d'entre eux : il n'y a pas de conflit ;
> - ils décident d'une concession tournante : il n'y a pas de conflit ;
> - en désaccord sur la question de la propriété, ils restent pourtant copains et se prêtent à l'occasion le ballon : il n'y a pas de conflit ;
> - l'un d'entre eux, le plus fort, décide que le ballon est à lui et les deux autres s'en accommodent : il n'y a pas de conflit ;
> - ils demandent l'arbitrage d'un plus grand qui se l'accapare : il n'y a pas de conflit (sauf peut-être avec ce dernier) ;
> - l'un d'entre eux, le plus fort, décide que le ballon est à lui mais les deux autres ne sont pas d'accord et s'allient pour le menacer : il y a conflit ;
> - chacun des trois tente de récupérer physiquement le ballon et la situation tourne au pugilat : il y a conflit ;
> - l'un d'entre eux va chercher son grand frère qui distribue quelques poussettes brutales et le ballon est acquis : il y a conflit ;
> - les trois se mettent à s'insulter et à se menacer copieusement, échangent des coups et le ballon leur échappe : il y a conflit.

Dans tous les cas, le conflit résulte d'un choix de comportement d'au moins un des protagonistes pour résoudre un désaccord.

Le « mode conflit » est une façon de se comporter pour traiter un désaccord ou une opposition.

C'est un choix qui requiert plusieurs conditions :

• il faut croire qu'on peut gagner en l'adoptant ;

- il faut être indifférent aux effets produits sur l'autre ;
- il faut disposer du temps et de l'énergie suffisants pour s'y consacrer ;
- il faut disposer de moyens pour faire pression sur l'autre ;
- il faut enfin avoir une certaine « compétence » pour évoluer sur ce terrain.

Souvent, celui qui adopte ce mode s'en justifie en expliquant l'importance des enjeux pour lui, les torts de l'autre, l'injustice dont il est victime, la gravité du sujet, etc. Mais ces arguments sont irrecevables. Ils confondent deux choses qui n'ont rien à voir : le sujet du désaccord et la façon dont on le traite.

Face au même sujet de désaccord, avec le même contradicteur, avec les mêmes enjeux et les mêmes données, toutes les personnes n'adopteront pas le mode conflit.

Il convient donc de distinguer l'objet (ce sur quoi porte le désaccord) de la raison réelle du conflit (ce pourquoi l'un ou les deux choisissent d'utiliser le mode conflit pour le résoudre). Le conflit n'est jamais vraiment obligé par les enjeux, c'est une option de conduite très personnelle.

Ceci dit, le choix du mode conflit peut être plus ou moins délibéré. Pour certaines personnes, il est le résultat d'une réflexion froide, tactique, à l'issue d'une analyse de la situation. Pour d'autres, il est un mode qui s'applique spontanément à toutes les situations où elles se sentent affectées d'une certaine façon [1].

Pendant ce temps-là en 42C

On ne connaît pas depuis plusieurs années d'autre conflit auquel Bernadette ait participé. Elle a pensé que se laisser marginaliser pourrait lui coûter la promotion comme chef de groupe qui lui semblait promise. En revanche, il est de notoriété publique qu'Agnès se fâche

---

1. C'est le cas des « nuisibles ». Voir *Gérer les personnalités difficiles,* dans la même collection.

pour un rien et part en guerre dès qu'elle est contrariée. Bernadette y a peut-être vu une excellente occasion de la faire imploser pour achever de la décrédibiliser.

Qu'il soit délibéré ou inconscient, le choix du mode conflit met celui qui l'adopte dans une position d'agresseur. Celui qui le subit, et qui aurait préféré un autre mode de résolution, est l'agressé.

Du point de vue de l'autorité, le conflit est un mode de relation dégradé et inapproprié pour résoudre les divergences qui surviennent naturellement dans le système.

À faire

En tant que tenant de l'autorité, vous avez donc deux obligations :

- rechercher systématiquement comment empêcher l'usage du conflit, situation par situation, en traitant chaque conflit au niveau de ses enjeux et de son objet ;
- imposer progressivement aux ressortissants l'usage d'autres modes de résolution que le mode conflit.

Échelle de niveaux de pratiques de l'autorité : contrôle de l'usage du conflit

Comment le tenant de l'autorité répond-il à l'usage
du conflit par ses ressortissants ?

4	Développe dans son équipe, son groupe, sa famille, une culture de résolution des désaccords par des moyens multiples (négociation, communication, etc.) et accompagne systématiquement leur mise en œuvre. Repère et éteint les prémisses des conflits par des entretiens. Sanctionne l'usage forcé du mode conflit et donne raison aux tiers agressés. Use de son autorité et n'utilise jamais lui-même le conflit, sauf quand il y est contraint pour protéger ses ressortissants.
3	Intervient dès qu'il constate les premiers signes d'usage du conflit. Réprimande celui qui en joue et impose un autre mode de communication. Rappelle ensuite qu'il ne tolère pas cet usage. Cherche à résoudre le conflit en traitant l'objet. N'utilise lui-même le mode conflit que lorsqu'il est agressé de manière évidente, qu'il est déstabilisé, ou qu'on menace sa position dans le système.
2	Ne repère pas l'usage du mode conflit. Le nie ou le minimise. Le laisse s'étendre ou perdurer. Invite vaguement à essayer de mieux s'entendre. Peut justifier l'usage du conflit et prendre parti pour l'agresseur au nom des enjeux ou du sujet, voire sanctionner l'agressé pour son opinion. Utilise lui-même fréquemment le conflit pour avoir gain de cause, y compris dans l'exercice de sa propre autorité.
1	Confond les modes de gestion des différends et ne se pose même pas la question. Peut lui-même transformer un simple désaccord en conflit en donnant à entendre des choses divergentes aux protagonistes. Aime bien voir batailler et compter les coups, met de l'huile sur le feu. Tranche au hasard, selon ses inimitiés ou ses besoins égocentriques. Ne fonctionne personnellement que sur le mode conflit avec un faible pour les stratégies sournoises. Se montre versatile et pointilleux ; des détails minuscules peuvent déclencher une guerre de sa part.

Coûts et impact du conflit

Les conflits ont des effets importants sur les systèmes, sur leurs participants et sur l'autorité elle-même.

Temps perdu

Le conflit comme sa résolution consomment du temps qui n'est pas consacré aux activités. Or, partout, le temps est une denrée rare. Plus la question du temps est importante, plus l'exercice de l'autorité au service d'un système devient difficile, car il faut dès lors presser les rythmes… et les gens.

Énergie gâchée

Simultanément, le conflit consomme de l'énergie psychique et physique. Toute l'attention qu'on lui consacre est soustraite à l'activité. Cette dégradation peut aller très loin.

> Quand deux employés sont en conflit pour savoir lequel des deux assurera une tâche dont chacun voudrait se décharger, il y a fort à parier que leurs travaux en cours seront réalisés incomplètement, et qu'ils abandonneront les tâches supplémentaires qu'ils auraient pu prendre en charge dans d'autres circonstances.

Le conflit met l'autorité face à des activités délaissées et à des pertes de production.

Qualité des activités dégradée

Au-delà des aspects quantitatifs, la qualité des activités est également affectée.

> Quand une dispute éclate dans une famille, on n'y perd pas seulement du temps et de l'énergie : elle dégrade également le soin mis à confectionner les repas, les échanges qui auraient dû avoir lieu sur la préparation des vacances, ou l'équité de la répartition des tâches ménagères.

Le conflit crée des tensions qui s'ajoutent aux difficultés ordinaires et qui vont à l'encontre de la mission de l'autorité. Le fonctionnement et les performances du système se dégradent : le dossier tronqué de Bernadette ne sera pas le dernier…

Motivation diminuée

Un conflit qui a lieu dans un système affecte globalement la vie de ses protagonistes.

> Quand deux membres d'une équipe de travail sont en conflit, le simple fait de se retrouver côte à côte leur est très désagréable. Dès qu'ils sortent du lieu de travail, ils vont mieux ; dès qu'ils y reviennent, ils sont tendus. Aussi, ils assimilent rapidement leur tension à leur présence au travail. Ils ont moins envie d'être là et de participer ; leur motivation s'effrite.

Pour l'autorité, le conflit est un facteur de difficulté et d'échec ; une fois installé, il est extrêmement difficile de le combattre, car les autres facteurs de démotivation sont déjà nombreux.

Relations altérées

Le conflit génère et entretient des inimitiés qui perdurent au-delà des affrontements. Après un conflit, les sensibilités restent longtemps aiguisées. Le moindre débat, le moindre désaccord (qui auparavant aurait été résolu simplement par des échanges) provoquent immédiatement un autre conflit.

Le conflit est générateur de nouveaux conflits. Les personnes impliquées dans un conflit et qui en souffrent ont tendance à cristalliser leur rancœur sur leur opposant, considéré comme négatif, mal intentionné et dangereux *a priori*. On le soupçonne de fomenter de mauvais coups dès qu'il émet une idée, et on engage le conflit pour se prémunir contre les basses manœuvres qu'il a très sûrement entamées.

Un conflit initial crée une méfiance tenace qui pousse à l'usage répété du mode conflit. Ce phénomène interdit radicalement toute forme de coopération et entrave le fonctionnement de l'équipe. C'est un problème grave pour une autorité qui doit entretenir la solidarité, assurer la cohésion d'un groupe, animer des équipes et manager à distance.

Ambiance détériorée

Au-delà des effets précédents, le conflit crée généralement une ambiance détestable pour tous les acteurs du système, y compris ceux qui n'en sont pas les protagonistes. La tension, l'irritabilité et l'inquiétude augmentent ; les problèmes qui surviennent déclenchent plus rapidement des accrochages, sinon d'autres conflits. Les protagonistes directs du conflit cherchent systématiquement à y impliquer d'autres personnes pour renforcer leur position. Ils y parviennent souvent partiellement : des clans se forment et élargissent ainsi le champ et les effets du conflit.

On pourrait croire que les effets d'ambiance, très subjectifs, ont finalement peu d'impact sur le système. Dans les entreprises, de nombreux managers s'en désintéressent totalement et considèrent que, puisque les gens ont un travail à faire, on se moque de leurs états d'âme tant qu'ils sont productifs. Mais le retentissement d'une ambiance dégradée est beaucoup plus important qu'il n'y paraît.

Une conséquence indirecte : le désengagement

Dans la réalité, au cours d'une journée de travail, chacun fait de très nombreux choix qu'on pourrait qualifier de « micro-choix ». Il s'agit d'une myriade de minuscules décisions suivies d'actions : se baisser pour ramasser quelque chose, revenir sur une réalisation imparfaite, se déplacer pour une vérification, poser un objet pour en saisir un autre, passer un coup de téléphone, donner une information, prendre une note, relire un texte, préparer une action, chercher une donnée, etc.

Devoir accompli

Ces micro-décisions, en apparence anodines, sont essentielles à l'avancement du travail. À la fin de la journée, dans des conditions identiques, on peut, selon l'état dans lequel on se trouve, avoir fait peu ou beaucoup de ces micro-choix.

Quand on est en forme, détendu, plutôt content, on en accomplit un grand nombre, et on achève sa journée avec le sentiment satisfaisant du devoir accompli. Quand on est fatigué, chagrin, tendu, on en réalise extrêmement peu : on tourne en rond, on a du mal à se mobiliser, à décider, à choisir une attitude, à savoir quoi faire en priorité. Du coup, on abandonne de nombreuses décisions. On fait les choses moins bien et moins complètement. Surtout, on « zappe » toutes les petites tâches non indispensables ou urgentes, les actes qui ne nous rapportent rien immédiatement.

On a du mal à mobiliser son énergie et à concentrer son courage pour appeler la personne à qui on n'a pas envie de parler, pour commencer un travail dont on ne voit pas la fin, pour aller chercher une information cachée dans une montagne de données… On achève sa journée en ayant le sentiment très désagréable de n'avoir pas fait grand-chose, et d'avoir accumulé des ratés ou des négligences dont on devra payer les effets tôt ou tard.

Entre les deux attitudes, l'écart des productivités, des qualités de fonctionnement, est considérable. Il ne tient ni à l'implication ni à la bonne volonté ou à la compétence de la personne qui peut avoir les deux types de conduites, mais seulement à l'état de sa motivation dans la situation donnée.

Capacité d'engagement

On parle de « capacité d'engagement » pour désigner cette énergie volontaire qui se traduit par une prise de décision et un passage à l'acte. Une observation fine montre que cette capacité d'engagement spontané est particulièrement sensible aux variations d'humeur liées à des facteurs très personnels (fatigue, enjeux affectifs, problèmes individuels), et à des facteurs d'environnement immédiat.

L'ambiance dans le système agit directement sur les capacités d'engagement des participants. Autrement dit, quand l'ambiance se dégrade, l'activité se dégrade également, en particulier dans les marges où se jouent de très nombreux micro-événements qui peuvent être déterminants sur la réduction ou l'amplification des problèmes.

Lorsque les capacités d'engagement s'effritent ou s'effondrent, on se retrouve avec des tâches non réalisées, des informations ratées, des travaux faits en doublon, des retards aux conséquences ennuyeuses, des incidents, des problèmes minuscules devenus énormes faute d'avoir été traités à la source, etc.

Ce phénomène est d'autant plus puissant et dévastateur quand il atteint le collectif. Quand une seule personne est affectée dans sa capacité d'engagement, les pertes de traitement et d'activité peuvent être compensées par les autres, ses collègues, ses parents, ses équipiers ; mais quand tout le groupe est affecté, les pertes s'ajoutent, se nourrissent et s'amplifient mutuellement.

De l'ambiance à la productivité

Les conflits provoquent des situations où la perte d'engagement est généralisée. Dans une équipe, ils touchent tout le monde, y compris ceux qui ne sont pas impliqués directement.

La généralisation des pertes d'engagement est étroitement liée au développement du conflit :

- plus le conflit dure, plus le désengagement se creuse et s'étend à de nouvelles personnes ;
- quand des clans se forment, des énergies collectives s'affrontent et créent des tensions plus importantes pouvant aller jusqu'au sabotage, ce qui démobilise tous les autres ;
- plus le conflit prend des formes agressives, plus l'ambiance devient exécrable : elle déstabilise et démotive un plus grand nombre de personnes ;
- plus le conflit s'étend, plus il affecte de champs d'activités et de personnes ;

- enfin, quand le conflit est connu au-delà du groupe lui-même (la famille, l'unité, l'équipe, etc.), des forces extérieures s'en mêlent et entravent encore les capacités d'engagement des membres du système.

Tout ceci est renforcé par l'inaction de l'autorité. Les protagonistes comme les autres participants vivent très mal le conflit, *a fortiori* quand rien n'est mis en œuvre pour le résoudre. L'indifférence ou la fuite de l'autorité aiguisent le sentiment de mal-être tout simplement parce qu'elles pérennisent le conflit et ses effets douloureux.

Pendant ce temps-là en 42C

Mais que fait Charles, le manager de Bernadette et Agnès ? Il est peut-être comme le loup du jeu des enfants. « Loup, y es-tu ? Que fais-tu ? » : il prend tellement de temps à mettre sa culotte et à chausser ses bottes qu'on peut s'égailler dans le plus grand désordre en attendant qu'il attrape qui que ce soit… Et c'est bien ce qui se passe au bureau, où le conflit entre les deux femmes, jamais limité par le manager, prend des proportions de plus en plus importantes. On passe tellement de temps à s'occuper de leur différend, à le commenter, à consoler ou conforter l'une ou l'autre, que la productivité du service en prend un coup.

Dès qu'un conflit survient, tous les ressortissants se tournent vers l'autorité pour voir ce qu'elle va faire. Si elle ne fait rien, un sentiment d'insécurité aigu se développe immédiatement et entraîne une perte brutale d'engagement.

À éviter

Ne rien faire. Baisser les bras devant le conflit. Ce serait un désengagement de votre mission, qui provoquerait naturellement une perte d'engagement au moins aussi importante chez vos ressortissants, puisque vous leur en auriez fourni le modèle.

Au-delà des effets sur le système, cela a de lourdes conséquences sur le tenant de l'autorité. En ne traitant pas les conflits, l'autorité se disqualifie et se discrédite complètement. Elle affiche sa faiblesse ou son indigence. Elle se positionne comme une non-autorité.

Synthèse : vers une pratique d'autorité responsable et efficace

À faire

Ne pas utiliser soi-même le mode conflit pour régler des problèmes d'autorité ou de divergence avec ses ressortissants ; ne pas laisser se développer le mode conflit pour le règlement des divergences entre ressortissants.

Proposer l'usage d'autres modes de résolution ; réagir le plus tôt possible à la naissance des conflits. De préférence, prévenir leur apparition.

Prendre pleinement en charge le traitement et la réduction des conflits.

Chapitre 2

Règles de base
de la gestion de conflit

Résolution des différends : modes d'opposition

Il existe plusieurs modes possibles de résolution des désaccords. Parmi ces modes, deux sont de l'ordre de l'opposition frontale : le conflit et la confrontation.

Distinguer conflit et confrontation

Dans le mode conflit, tous les coups sont permis. Chacun essaye d'obtenir ce qu'il veut aux dépens de l'autre en le déstabilisant.

Dans le mode confrontation, les échanges et les rapports de force ne concernent que l'objet du désaccord. Autrement dit, chacun expose ses besoins, ses certitudes, ses arguments, ses droits, voire les obligations de son contradicteur, sans utiliser d'autre levier que le débat, la conviction, les règles ou les attributions réciproques.

On se dit de front, clairement et fortement, ce qu'on a à se dire, sans se laisser intimider ni fléchir. On affirme ses exigences, sa position, et on met ouvertement en cause la justesse des exigences et de la position de l'autre.

Mais les protagonistes s'interdisent d'émettre des jugements l'un sur l'autre, de mettre en difficulté leur opposant sur d'autres terrains que celui de l'enjeu identifié, d'utiliser tout levier qui provoquerait une souffrance ou une dégradation de ses ressources, de sa position ou de ses relations dans le système.

Dans ce mode, la fin ne justifie pas tous les moyens, et le respect mutuel est le fondement des formes de communication. On ne fait pas appel à des interventions extérieures sauf pour des arbitrages. On se met d'accord *a priori* sur les règles et les formes des débats pour résoudre le désaccord sur le fond.

Cependant, dans ce cadre très strict, on pèse de tout son poids et avec tous les moyens légitimes disponibles pour l'emporter au mieux de ses propres intérêts. Ce n'est pas un mode convivial qui privilégie l'amélioration de la relation : on n'y fait aucun cadeau, et si on peut gagner sur toute la ligne, on ne fait aucune concession à son adversaire.

L'enjeu et l'objet sont clairement définis et convenus au départ entre les protagonistes.

Pendant ce temps-là en 42C

Agnès et Bernadette choisissent la confrontation pour tenter de résoudre leur différend : elles parviennent à considérer qu'aucune d'entre elles n'est responsable de l'événement qui leur tombe dessus ; elles se réunissent pour examiner le problème, et s'interdisent d'en parler ailleurs tant qu'elles n'ont pas réussi à purger le différend à leur niveau.

Au cours de leurs entretiens, elles mesurent l'inconvénient réel d'habiter la pièce 42C ; chacune entend les arguments de l'autre, et elles se mettent d'accord pour les soumettre à l'arbitrage du responsable ; comme celui-ci est décisionnaire, la perdante se conformera alors à la décision sans batailler plus avant.

Avantages de la confrontation

Quoiqu'elle ait également les siens, la confrontation réduit sensiblement les coûts générés par le conflit. Elle consomme beaucoup moins de temps et d'énergie. Elle n'affecte que très faiblement la qualité des activités, la motivation, les relations et l'ambiance. Elle ne provoque donc pas ou peu de perte d'engagement. Seule la frustration reste.

Les gains vis-à-vis du conflit sont donc énormes pour le système, pour les participants comme pour l'autorité qui a tout intérêt à la promouvoir.

Différences entre conflit et confrontation

	Conflit	Confrontation
Objectifs	*A minima* la satisfaction de son besoin explicite, plus, si possible, des gains supplémentaires aux dépens de l'autre.	Uniquement la satisfaction de son besoin.
Champ d'interaction	Sans limites.	Très strictement contenu dans le cadre des enjeux du différend, ainsi que dans les formes et les modalités de la relation.
Modalités	Indéfinies, aléatoires, utilisées comme leviers du rapport de force.	Convenues.
Besoins de l'autre	Ignorés, au besoin maltraités, voire volontairement contrariés. L'autre est un ennemi.	Conçus comme légitimes et respectés mais sans être pris en compte. L'autre est un adversaire.
Moyens utilisés	Déstabilisation, affaiblissement, rupture des protections de l'adversaire.	Arguments sur le contenu. Droits et attributions.
Forme de la relation	Jugements, insultes, menaces, atteintes à l'intégrité de la personne, procès d'intention. Procès d'incompétence.	Respect mutuel. Pas de jugement de valeur. On ne médit pas sur l'autre. Politesse.
Intervention des tiers requise pour	Créer un clan, activer d'autres leviers, même totalement étrangers à l'enjeu.	Arbitrage éventuel.

Le repérage des différences entre les deux modes permet de poser les règles de base de la limitation des conflits.

Nous les développons à deux niveaux :

- ce qui se passe entre les protagonistes ;
- ce que peut être l'intervention de l'autorité.

Protagoniste : comment se comporter

Dans le cas de figure où deux protagonistes ont choisi de part et d'autre le mode conflit, il n'y a pas de règle et tout peut arriver. En revanche, lorsque l'un des deux démarre sur le mode conflit et que l'autre préfère le mode confrontation, il y a des règles d'efficacité à la disposition de ce dernier.

Règle n° 1 : mélanger les deux modes revient au mode conflit

Celui qui veut faire cesser le conflit et rétablir l'usage du mode confrontation entre lui et son adversaire ne peut utiliser le mode conflit sur aucun des éléments du tableau. La force du mode confrontation réside entre autres dans son intégrité. Le moindre « bricolage » dans le tableau justifie le conflit. S'énerver, lancer une pique, se moquer, revenir sur la délimitation de l'enjeu, naviguer entre des arguments contradictoires sont des exemples de ce qui fait basculer définitivement dans le mode conflit.

> Si Bernadette joue à la fois une confrontation de façade avec Agnès et une activation souterraine de ses contacts hiérarchiques, le conflit est patent : elle risque une véritable guerre au cas où Agnès l'apprendrait.

Règle n° 2 : choisir sa stratégie et s'y tenir

Pour tenter d'échapper au mode conflit, trois options sont possibles :

- Céder : on accorde à l'adversaire tout ce qu'il veut.

> Bernadette accepte de s'installer dans la pièce 42C.

- Abandonner : on interrompt la relation et les échanges. On quitte la place, on ne fait rien, on abandonne le terrain à l'adversaire en considérant qu'il peut continuer à s'agiter et à vitupérer tout seul. Le désaccord reste, mais toute transaction devient inutile et perverse.

> Agnès s'agite, calomnie, monte des cabales. Bernadette reste calme, évite les débats avec Agnès. Après avoir exposé ses arguments à son patron, elle n'en parle plus à quiconque. Elle ne répond ni aux attaques, ni aux bruits, ni aux questions, et continue à faire son travail comme si de rien n'était.

- Affronter l'adversaire sur la forme et les modalités de la relation. On se refuse à batailler et à argumenter sur les enjeux ou l'objet tant que l'autre n'est pas revenu à un mode plus respectueux. On lui fait savoir très clairement que son attitude est inacceptable dans la forme et qu'elle ne peut permettre aucune solution.

> Bernadette refuse de discuter avec Agnès du fond du problème, de qui a raison ou tort et de qui s'installera dans la pièce 42C. En revanche, elle lui rappelle que ce n'est pas en manœuvrant dans les couloirs et en la menaçant qu'elle la fera céder. Bernadette peut sans état d'âme tenir cette position en public.

Il n'y a malheureusement pas de composition possible entre les trois options : l'adversaire y verrait une faiblesse et renforcerait donc ses conduites agressives.

Règle n° 3 : ne jamais débattre sous la pression du conflit

Il faut cesser d'argumenter, de vouloir prouver ou convaincre, d'échanger des données ou de mettre des éléments objectifs sur la table tant que l'autre reste sur le mode conflit. Plus qu'une règle, c'est une loi.

En effet, quand l'adversaire s'engage sur le mode conflit, il est nécessairement de mauvaise foi. Il ne peut ni entendre ni reconnaître les arguments ; il s'en fiche complètement. Rien ne peut le convaincre, et pour cause : il veut casser, il ne veut surtout pas comprendre et encore moins prendre en compte.

Dans les échanges viciés par une attitude conflictuelle, l'agressé tente désespérément, en développant toujours plus d'arguments, de faire reconnaître son bon droit et la justesse de sa position. Plus on le contrarie, plus il veut prouver, et plus il s'enfonce dans les démonstrations et les détails. Il ne comprend pas, ou ne veut pas croire, que ses opposants en profitent pour jouer sur les mots, rebondir sur une formule et y trouver des incohérences, contredire le moindre élément, lui faire des procès d'intention et revenir sur des concessions qu'il leur avait péniblement arrachées quelques instants plus tôt.

En fait, en restant sur le terrain de l'enjeu et de l'objet, il nourrit tous les mauvais procès et donne du grain à moudre aux manœuvres de ses agresseurs. Il est déjà très difficile de convaincre un interlocuteur de bonne foi ; comment peut-on croire qu'on va ébranler par des idées un adversaire qui a choisi de vous « dégommer » ou de vous asservir ?

En l'occurrence, tout argument n'est, pour l'adversaire, que du bruit, des paroles inutiles qui ne le touchent pas mais alimentent les ressorts les plus profonds de sa malveillance[1].

Règle n° 4 : oser affronter dans tous les cas les conduites conflictuelles de l'adversaire

Il est certes socialement délicat d'expliciter ouvertement les formes de conduites conflictuelles de ses interlocuteurs et de les dénoncer, surtout en public. On n'en a pas l'habitude ; cela « ne se fait pas ». C'est précisément ce tabou qui permet aux malfaisants de s'épanouir. L'agresseur surfe tranquillement sur la bienséance de ses interlocuteurs.

Pourtant, il faut toujours relever les comportements de ce genre. D'une part parce qu'ils sont déplaisants et minent l'assurance des per-

---

1. C'est un comportement systématique de la part des nuisibles agressifs. Voir *Gérer les personnalités difficiles, op. cit.*

sonnes agressées, d'autre part parce qu'ils sont profondément iniques et qu'ils empêchent toute autre forme de relation et de solution.

À faire

Ne pas hésiter à prononcer des phrases telles que : « Vous dites que mon dossier a été monté en dépit du bon sens et que je suis incompétent. C'est votre avis, mais ce n'est pas en contestant mes capacités et en jugeant mon travail que vous pourrez justifier votre position. Je ne vois pas dans ces conditions ce que vous pouvez attendre de moi. Mais si vous voulez bien revenir aux faits et à une attitude plus respectueuse, nous pourrons peut-être poursuivre utilement cette conversation. »

Quand on laisse passer ces malversations, on les entérine. L'adversaire et les témoins en déduisent qu'on accepte d'être traité de la sorte et sur ce mode : cela revient à valider les reproches subis. Les procès qu'on vous fait doivent reposer sur une vérité. En acceptant de répondre à une accusation volontairement infondée et outrancière, l'agressé rend indéfendable sa position sur le contenu.

À éviter

Laisser faire, c'est aussi accepter la reproduction de conduites conflictuelles. Tout nouvel élément d'interaction sera désormais un bon prétexte pour vous agresser. L'installation de ce mode de relation crée rapidement une situation de dominance[1] telle que vous aurez toujours à souffrir d'une entreprise de démolition régulière de la part de cette personne.

---

1. Dominance : cette notion est issue de l'éthologie. Elle désigne une relation sociale inéquitable par essence. Le dominant y dispose d'accès et d'avantages, aux dépens du dominé. Cette inégalité s'accompagne d'une relation physique fondée sur la menace, la punition, la blessure, l'exclusion des ressources, voire le meurtre. Elle est plus largement développée dans le premier ouvrage de cette collection, *Développer son autorité, op. cit.*

Règle n° 5 : mettre un terme à une relation bloquée sur le mode conflit

Il est fréquent que, malgré nos efforts, notre interlocuteur ne démorde pas de son enracinement dans le mode conflit.

Que faire ? Rien ! Il n'y a rien d'autre à faire que de cesser toute relation. Si on est obligé de rester physiquement présent dans la situation (c'est une réunion convoquée par le patron, c'est vous qui servez les petits à table, etc.), il faut pour le moins ne plus répondre à l'agresseur quoiqu'il fasse ou dise. Cependant, il n'est pas toujours pertinent de l'ignorer totalement si on veut lui laisser une opportunité de revenir à de meilleures dispositions.

Règle n° 6 : retourner le conflit contre l'agresseur

Une autre possibilité consiste à accepter le mode conflit pour le réduire. Il s'agit très clairement de porter un coup fatal à son adversaire pour lui imposer de cesser son agression : nous giflons le gamin qui nous donne des coups de pied dans les tibias depuis quelques minutes malgré toutes nos tentatives d'arrangement et d'explications ; nous distribuons lors d'une réunion la copie d'un dossier bâclé par notre agresseur...

Ce comportement peut être juste et salutaire.

• Sur le principe d'abord : quand l'adversaire veut à toute force rester dans une attitude conflictuelle après qu'on a tout tenté pour l'en faire sortir, c'est une invitation à l'y rejoindre. Il légitime donc tous les moyens de défense, et prend le risque qu'on l'abatte. Hors des clous, il n'y a plus de règle : il n'y a donc plus de règles pour le protéger. L'acharnement n'est cependant pas utile après qu'il aura cédé.

• Dans son efficacité ensuite : en faisant cesser la distorsion par cet acte définitif, on rend probablement service au système, à d'autres victimes potentielles. On ramène de l'ordre dans une situation mal engagée.

Mais cette option a une exigence : il faut disposer d'un moyen imparable, face auquel l'adversaire n'a aucune ressource. Elle requiert donc une escalade assez brutale. Cela présente tous les inconvénients propres au conflit et la probabilité d'une relation définitivement dégradée avec celui qu'on met en difficulté. Il faut donc y réfléchir soigneusement avant de s'y aventurer, car l'issue est parfois sans retour. Si l'adversaire cède enfin, il convient de le reconnaître, et pourquoi pas de le valoriser.

Pendant ce temps-là en 42C

Malgré les tentatives d'apaisement et de recadrage de Bernadette, Agnès poursuit imperturbablement dans la voie de l'agression tous azimuts. Bernadette décide alors de révéler le contenu d'une confidence : Agnès envisage de quitter la société dès qu'elle aura été nommée chef de groupe ; son mari a des contacts haut placés chez le principal concurrent.

Cette option peut être efficace et fructueuse dans le cas où l'agresseur, ne connaissant d'autre mode que des relations dominant – dominé, accepte avec philosophie les rapports de force et la défaite, comme un lion qui subit sans broncher la suprématie d'un plus gros mâle.

Du côté de l'autorité

La suite de cette liste de règles à appliquer face à un comportement conflictuel concerne plus directement la position de l'autorité.

Règle n° 7 : l'autorité doit promouvoir systématiquement le mode confrontation

L'autorité a un rôle pédagogique vis-à-vis des modes de résolution des désaccords. Elle doit expliciter la différence entre les modes et saisir toutes les occasions pour faire comprendre ce qu'elle attend de ses ressortissants.

Cela signifie qu'elle doit donner les modèles de comportements à suivre, montrer l'exemple et aider les uns et les autres à construire les bonnes conduites.

> **Pendant ce temps-là en 42C**
>
> Charles, le patron d'Agnès et de Bernadette, intervient dès qu'il a vent des hostilités. Il convoque immédiatement les deux femmes et leur annonce :
>
> – qu'il les recevra toutes les deux pour les entendre séparément ;
> – qu'il ne tolérera pas que la question soit abordée en dehors de ces entretiens ;
> – qu'il déteste qu'on essaye de l'influencer par la bande, et qu'il est inutile d'essayer ;
> – qu'il est seul à trancher ;
> – que son arbitrage sera définitif et qu'il sera mal venu d'y revenir.

Règle n° 8 : quand deux personnes s'affrontent sur le mode conflit, le tenant de l'autorité ne doit surtout pas arbitrer sur l'objet

En donnant raison à l'un ou à l'autre, ou en partageant les torts d'une façon quelconque sans avoir d'abord recadré la forme du conflit, le tenant de l'autorité entérine l'usage de celui-ci et valide sa reproduction. Le gagnant y verrait une justification de sa conduite. Le perdant peut croire qu'il n'a pas tapé assez fort.

La fin des hostilités est un préalable à l'intervention de l'autorité sur le fond du conflit. Tout d'abord parce que la clarté ne peut sortir que d'un climat apaisé, ensuite parce que le conflit constitue en lui-même une forme de pression sur l'autorité.

En imposant cette chronologie rigoureuse, le tenant de l'autorité applique la règle n° 1 : il démontre aux protagonistes qu'on peut défendre et faire progresser son point de vue sans nécessairement agresser l'autre.

Tant que le mode confrontation n'est pas rétabli entre les protagonistes, le tenant ne fait rien d'autre que de lutter contre l'usage du mode conflit et de proposer des modalités plus respectueuses. Il explique donc son attitude, et en donne le mode d'emploi à qui veut bien l'entendre.

> **Pendant ce temps-là en 42C**
>
> Charles conclut donc son exposé précédent en expliquant qu'il recevra Agnès et Bernadette dans trois jours, mais qu'il suspendra l'entretien prévu avec celle qui continuerait à s'agiter entre-temps.

Règle n° 9 : quand l'un des deux protagonistes impose le mode conflit à l'autre, l'autorité lui donne forcément tort sur le fond

S'il veut pouvoir faire entendre son point de vue, le protagoniste agressif doit d'abord revenir à des modalités de relation acceptables. L'agression est rédhibitoire. L'agresseur perd dans tous les cas, y compris s'il pouvait avoir raison sur le fond. Tant pis pour lui ; c'est son problème.

L'application stricte de cette règle réduit de façon impressionnante l'usage du mode conflit dans les systèmes. Elle ne peut être mise en œuvre que lorsque l'autre protagoniste reste pour sa part scrupuleusement sur le mode confrontation ; mais elle est intangible.

Très rapidement, les participants comprennent que le mode conflit les amène inexorablement à l'échec, et qu'ils ne parviendront jamais à justifier leur comportement.

Le message induit est puissant : le tenant peut entendre et prendre en compte tout argument sur le contenu, mais il refuse tout recours à l'agression. Si elle perdure, l'agression caractérisée lui fait perdre toute capacité d'écoute sur le fond.

> **Pendant ce temps-là en 42C**
>
> Malgré les consignes, Agnès a tenté d'en parler au supérieur hiérarchique de Charles, Denis – qui le lui a rapporté en signalant combien il trouvait cette démarche déplaisante. Elle a ensuite déclenché une nouvelle et bruyante dispute dans le bureau, et ce avant les entretiens prévus.
>
> Charles la convoque. À défaut d'excuses et d'un recul immédiat, la décision est prise sans autre forme de procès : Agnès ira dans la pièce 42C.

Règle n° 10 : quand un protagoniste s'enferre définitivement dans des conduites agressives, il faut protéger le système, les autres, et soi-même

Certains ne conçoivent pas l'existence de la confrontation, ou en rejettent la possibilité. Ils n'envisagent les oppositions que dans des rapports de force violents ou pervers. Ils continueront donc sur ce mode tant qu'ils disposeront de leviers de nuisance. Seul un échec total peut les arrêter. Comme le lion cité plus haut, ils ont donc besoin d'une morsure cuisante pour les calmer et les ramener dans le rang. Ils ne peuvent entendre raison que si eux-mêmes pâtissent de l'usage abusif du mode conflit.

Dans un tel cas de figure le tenant de l'autorité peut, sans état d'âme, fédérer les moyens et les forces dont disposent ses ressortissants, y ajouter les siens et conduire l'assaut jusqu'à faire plier le récalcitrant.

Pendant ce temps-là en 42C

Après son dernier entretien, Agnès croit encore qu'elle peut forcer la décision. Elle tente d'être reçue par le directeur général en passant par la direction du personnel. Elle dresse alors un portrait apocalyptique de Charles, qui aurait monté toute cette affaire de stagiaire afin de la confiner dans la pièce 42C. Elle laisse entendre qu'elle envisage une plainte pour harcèlement. Pour alimenter sa position, elle explique que le poste de chef de groupe devait lui revenir, mais que ses collègues complotent pour empêcher cette promotion et qu'elles ont réussi à embobiner Charles. Elle répand largement sa nouvelle stratégie, espérant faire reculer la direction en lui faisant craindre une action en justice.

Charles reçoit comme prévu Bernadette, puis réunit le service. Il annonce sa décision et explique qu'elle est sans appel. Il invite clairement les uns et les autres à lui fournir les éléments dont ils disposent pour rétablir la stricte vérité. Certains en déduisent que la guerre est passée à un autre étage, et lui restituent quelques impairs croustillants accumulés par Agnès… La direction fait front.

Règle n° 11 : à l'exclusion du cas précédent, le tenant de l'autorité utilise exclusivement le mode confrontation pour toutes les situations où il est lui-même en opposition frontale avec un tiers

Que ce soit sur un désaccord ou pour faire respecter son autorité, le tenant s'interdit l'usage du mode conflit. Comme le stipule la règle n° 1, cette attitude doit être scrupuleusement suivie.

Sa posture d'autorité rend son entourage d'autant plus sensible à d'éventuels écarts. La force de sa position génère naturellement plus de crainte lorsqu'il s'égare dans le conflit.

Il sera d'autant plus rassurant qu'il se tiendra strictement à l'usage de la confrontation. S'il use du mode conflit, il deviendra inquiétant et se mettra dans l'impossibilité de faire appliquer le mode confrontation par ses ressortissants, perdant ainsi toute autorité sur ce terrain.

> Charles n'avait jamais eu recours au mode conflit contre ses troupes. Dans l'affaire de la pièce 42C, toute son équipe est derrière lui et montre une position homogène.

Règle n° 12 : le tenant a le même comportement en toutes circonstances, en tant que protagoniste et en tant qu'autorité

Il applique donc les onze règles précédentes pour lui-même et ceux dont il est responsable, vers sa hiérarchie s'il en a une, vers ses ressortissants, vers ses interlocuteurs ou partenaires de toutes sortes, ses enfants, amis, clients, patients, prisonniers, les cadets qu'il entraîne, etc.

Résolution des différends : modes de composition

Nous avons comparé deux modes de résolution des désaccords ou des divergences d'intérêts, ceux de la classe de l'opposition. Il en existe deux autres dans la classe de la composition : la négociation et le partage.

Ne poursuivant pas les mêmes objectifs, ils n'entrent pas directement dans le propos de cet ouvrage, et nous ne les développerons pas en profondeur ; mais ils sont intéressants à mettre en perspective pour améliorer la maîtrise des conflits.

Dans les modes d'opposition, les protagonistes privilégient la satisfaction de leurs besoins égoïstes sans prendre en compte ceux de l'adversaire. Dans les modes de composition, les protagonistes recherchent des solutions qui intègrent la satisfaction des besoins de l'un et de l'autre. Ils s'intéressent tout autant à la pérennité de la relation qu'à la satisfaction immédiate de leur besoin. On cède sur une partie de ses besoins pour permettre à l'autre de satisfaire partiellement les siens, de façon à préserver la qualité des relations futures.

L'interlocuteur n'est plus un adversaire mais une personne avec laquelle on a un différend.

Entre les modes d'opposition et de composition, le changement est considérable, car il suppose que chacun prenne spontanément en compte ce qui est important pour l'autre et s'interroge sur la façon d'y répondre concrètement.

La négociation

Dès lors qu'un différend existe, on s'oriente vers une solution qui sera probablement un arrangement entre des besoins opposés. L'usage de la négociation suppose d'emblée de faire des concessions.

On recherche donc :

- dans la composition de son propre besoin, la partie qui pourrait être concédée, et donc abandonnée ;
- dans la composition du besoin de l'autre, la partie qu'on pourrait accepter de satisfaire.

Par principe, dans une négociation, on ne recherche pas forcément une stricte égalité des concessions mutuelles, mais plutôt un équilibre des niveaux de satisfaction respectifs. Les besoins des deux parties étant souvent de nature différente, ce qui est important pour l'une ne l'est pas au même degré, ni pour les mêmes raisons, pour l'autre.

Dans une première étape, les protagonistes exposent et justifient leurs besoins et leurs positions initiales. Cet échange est approfondi jusqu'à ce que les deux points de vue soient parfaitement entendus et compris de part et d'autre. Ce n'est pas une phase de recherche d'un accord.

Dans une deuxième étape, chacun revient vers l'autre avec une proposition d'arrangement comprenant des concessions et des demandes hiérarchisées. Si les deux propositions correspondent, le problème est réglé pour l'essentiel. Sinon, on passe à la dernière étape.

Dans celle-ci, il y a un débat pour rapprocher les propositions jusqu'à aboutir à une solution acceptée de part et d'autre. Cela nécessite évidemment de nouvelles concessions.

Comme chacune des deux parties recherche de quoi satisfaire l'autre, il peut être utile de verser dans la proposition des offres extérieures au différend de départ.

Pendant ce temps-là en 42C

Dans une autre hypothèse que celle évoquée plus haut, Agnès et Bernadette se respectent et, quoiqu'elles ne s'apprécient pas énormément, elles se sont toujours efforcées d'avoir les meilleures relations possibles.

La possibilité de se retrouver seule dans la pièce 42C les inquiète et les désole ; même si chacune compatit au sort de l'autre, toutes deux préféreraient rester dans le bureau.

Ni l'une ni l'autre n'apprécierait de subir l'arbitrage du patron : elles cherchent ensemble une solution. Elles savent toutes les deux que si elles parviennent à une position commune, Charles sera ravi de l'entériner ; mais elles restent bloquées par l'énormité de l'enjeu et du sacrifice demandé à celle qui partira.

Bernadette pense à élargir l'analyse du problème, et à comparer leur situation. Elle demande à Agnès comment elle voit son avenir, puisqu'elle envisage de partir à la concurrence. Agnès est plus ancienne et plus âgée ; toutes deux peuvent prétendre à une promotion au poste de chef de groupe (qui en aucun cas ne pourrait occuper la pièce 42C) ; par ailleurs, toutes deux ont demandé un temps partiel, qui ne sera probablement accordé qu'à l'une d'entre elles.

Après quelques tractations, les deux femmes se mettent d'accord sur le plan suivant, qu'elles soumettront ensemble à Charles : Bernadette occupera provisoirement le « cloître », jusqu'à ce qu'Agnès obtienne la promotion de chef de groupe, à laquelle elle sera seule à postuler. Bernadette retrouvera alors sa place, et la nouvelle embauchée ira en 42C (on le lui annoncera dès son embauche).

Agnès abandonne en contrepartie à sa collègue l'idée du temps partiel, pour lequel elle la soutiendra, et s'engage à reprendre les dossiers de Bernadette pendant que celle-ci est absente ; elle lui accorde de plus le traitement de certains dossiers intéressants. Une partie des travaux du service demande de fréquents déplacements dans les locaux. Jusqu'à présent, ils étaient partagés ; désormais ils seront réservés à Bernadette qui pourra ainsi « s'aérer ». Enfin, on demande que la pièce soit décorée et qu'on y pose un store.

Si on ne parvient pas à se mettre d'accord, car il reste des positions divergentes irréductibles, la négociation échoue. Dans ce cas, on retombe obligatoirement dans la confrontation, voire le conflit.

Les avantages de la négociation vis-à-vis de la confrontation sont au moins aussi grands que ceux de la confrontation vis-à-vis du conflit. La confrontation peut toujours déboucher sur des frustrations ou des insatisfactions. Ce n'est pas le cas de la négociation, qui ne laisse derrière elle aucun contentieux.

À faire

Du point de vue de l'autorité, ce mode est à privilégier systématiquement pour résoudre tous les différends. Outre ses avantages pour les protagonistes comme pour le système, la négociation réduit considérablement la charge de l'autorité dans le traitement de l'objet du désaccord.

L'intervention nécessaire de l'autorité se situe plutôt :

– en amont dans la mise en place des modalités : définir les conditions, les lieux et les formes de la négociation, protéger les échanges de toute interférence, aménager des disponibilités, organiser les prises de parole, etc.

– en cours de résolution par une aide à l'arbitrage, voire l'inventaire des éléments d'échange : délimiter le problème et le débarrasser des éléments parasites, obtenir un premier accord sur la définition des enjeux, aider à la formulation et à l'écoute mutuelle, fixer les acquis étape par étape, suggérer des pistes de propositions, etc.

– en aval dans la validation des accords élaborés par les parties : préciser la formulation des accords, leur donner une forme de contrat, s'en déclarer témoin, arrêter les modalités d'application, proposer d'en suivre l'exécution, etc.

Le partage

C'est un mode de résolution plus avancé que la négociation. Les protagonistes sont d'emblée solidaires des besoins de leur partenaire, même quand les intérêts sont divergents.

La pérennité de la relation passant au premier plan pour chacun des protagonistes, la satisfaction des besoins de l'autre est au moins aussi importante que la sienne. On partage spontanément les problèmes, les besoins et les solutions.

On recherche donc une solution équitable où les deux partenaires seront gagnants, ou contents de faire un don à l'autre.

En clair, cela signifie que, contrairement à la négociation, ni l'un ni l'autre n'ont besoin de défendre leurs intérêts : l'autre s'en préoccupe autant que des siens propres.

Les modalités possibles du partage sont à la fois infiniment nombreuses dans leur composition et toujours assez simples dans leur inspiration :

• connaître les besoins, les craintes et les difficultés de l'autre ;

• s'interroger sur la façon d'y répondre ;

- chercher toutes les occasions de satisfaire ses besoins et de lever ses craintes et ses difficultés ;
- prendre l'initiative de la présentation, de la proposition et de l'action ;
- être attentif à ce qui se passe, à ce que ressent l'autre ;
- savoir par avance ce qu'on peut concéder ;
- hiérarchiser ses propres besoins ;
- pouvoir demander ;
- ne comptabiliser ni les coûts ni les avantages.

Le partage est une démarche active qui traite les différends apparents comme des événements parmi d'autres dans la relation. Il est beaucoup plus créatif que les autres modes. Aux antipodes du conflit, ses avantages sont considérables.

Pendant ce temps-là en 42C

Ni Agnès ni Bernadette ne s'imaginent imposer à l'autre la vie dans la pièce 42C. Elles cherchent donc de conserve comment y échapper. Comme solution, elles envisagent le réaménagement du bureau pour héberger une personne supplémentaire, quitte à y perdre toutes les deux une partie de leur confort individuel.

Elles argumentent ensemble auprès de Charles, pour lui démontrer les avantages sur le plan professionnel. La stagiaire sera mieux encadrée, on conservera une salle de réunion ; pour des travaux isolés ou en cas d'encombrement, l'une ou l'autre pourra aller temporairement en 42C.

En deux jours, le problème est définitivement réglé, en déplaçant deux armoires dans la 42C et en réorganisant l'espace du bureau. Dans le service, l'ambiance est au beau fixe.

Malheureusement, le partage ne se décrète pas. La coopération, la solidarité requièrent un minimum d'altruisme de la part des participants ; et cela ne s'implante pas comme on pose un greffon. La raison seule est bien impuissante à les promouvoir. On peut parvenir à la longue à instaurer des modes de relation qui s'en approchent ; mais à court terme ou pendant le déroulement d'un conflit, c'est tout simplement impossible.

Cependant, chaque fois que l'autorité parvient à favoriser son expression, le partage montre des avantages encore supérieurs à la négociation. Les protagonistes gèrent par eux-mêmes les différends et garantissent le meilleur fonctionnement possible du système.

Dans ce mode de gestion, l'autorité n'a plus à intervenir sur les différends : son rôle consiste seulement à créer et à entretenir les conditions de ce type de relation au sein du système.

Chapitre 3

Niveaux de résolution
et degrés du conflit

Échelle des modes de résolution des désaccords

Les quatre modes de résolution des différends peuvent être hiérarchisés selon leur degré d'efficacité et de facilité de pilotage pour l'autorité.

L'outil suivant permet de les comparer et de mettre en perspective les passages de l'un à l'autre.

	Modes de résolution	Objectifs	Moyens	Intervention de l'autorité
4	**Partage**	Pérenniser la relation. Trouver une solution juste pour l'autre.	Coopération pour la création de solutions.	Favoriser la culture du partage.
3	**Négociation**	Préserver la relation. Obtenir pour soi une solution acceptable.	Pesée des concessions et des apports.	Arbitrer sur la forme, valider sur le fond.
2	**Confrontation**	Obtenir gain de cause sur l'objet du différend.	Exposé des besoins et des arguments.	Imposer la méthode et arbitrer sur le fond.
1	**Conflit**	Gagner sur l'objet du différend, voire davantage, aux dépens de l'autre.	Agressions de toutes natures.	Sanctionner la forme et trancher sur le fond.

Dans la vie d'un système, de nombreux différends apparaissent régulièrement. Ils peuvent être traités sur les quatre modes.

Mission de l'autorité

Autant que possible, la mission globale de l'autorité est de faire migrer les comportements de ses ressortissants du bas vers le haut.

Modes de résolution		Intervention de l'autorité
Composition	**Partage**	Favoriser la culture du partage.
	Négociation	Arbitrer sur la forme, valider sur le fond.
Opposition	**Confrontation**	Imposer la méthode, arbitrer sur le fond.
	Conflit	Sanctionner la forme, trancher sur le fond.

Quand les modes de la négociation et du partage sont les plus usités, on dispose d'une équipe puissante, relativement heureuse, et qui fonctionne à peu près toute seule. L'autorité discipline la forme des débats en douceur et n'a guère à intervenir. Le système est efficace, les relations y sont durables et les résultats excellents.

Quand ils sont plutôt traités sur le mode de la confrontation, le système continue à fonctionner mais pas comme une équipe : les relations sont réduites aux minima techniques, professionnels, institutionnels ou moraux. L'autorité doit intervenir beaucoup et fermement pour assurer la pérennité du système et canaliser le règlement des différends qui restent usants.

Dans la plupart des différends, les conflits ne trouvent que des issues néfastes ; les relations sont empoisonnées et font le lit de nouveaux conflits. Le système est toujours au bord de l'éclatement : l'autorité a failli et s'épuise en interventions aléatoires, mal accueillies et inefficaces.

Règles de gestion

L'échelle que nous proposons est donc à la fois un outil de mesure du niveau d'efficacité de l'autorité et un outil de progression.

Il convient cependant de respecter quelques règles de gestion.

- Au cours du traitement d'un désaccord, et malgré toute la bonne volonté de l'autorité, on ne peut pas sauter de niveau, et passer par exemple directement du conflit à la négociation. On peut au mieux passer au niveau immédiatement supérieur.

- Quand deux protagonistes ne fonctionnent pas spontanément au même niveau, le meilleur mode adopté ne pourra excéder d'un cran celui de l'acteur le plus pauvre.

- On ne peut pas passer au niveau supérieur quand le niveau de départ est lui-même fragile. Par exemple, il est peu crédible de passer de la confrontation à la négociation, quand on est à peine sorti d'un conflit. Il vaut donc mieux, pour l'autorité, généraliser et consolider un niveau acquis avant de passer au suivant.

- Quand le tenant de l'autorité veut forcer le passage du conflit à la confrontation, il n'obtiendra qu'un renforcement du conflit.

- Le conflit pourrit les autres relations : dans un groupe, c'est toujours le plus bas niveau employé qui tend à ramener vers lui les traitements des désaccords.

- Cependant, quand une personne isolée fonctionne à ce niveau contre tous les autres, elle ne peut pas tenir la position très longtemps : elle est contrainte à s'adapter au niveau minimum des autres.

- Quand la pression négative augmente (problèmes financiers ou de survie du système, surcharge brutale de travail, incidents qui affectent les personnes, etc.), l'ensemble du groupe tend à descendre d'un étage dans ses conduites.

- Dans un système, un groupe de ressortissants peut difficilement fonctionner à un étage supérieur à celui employé par son chef. Si celui-ci déclenche régulièrement des conflits, ses subalternes auront du mal à régler leurs problèmes par la négociation : le chef peut toujours venir y semer le trouble. Au mieux, en se retournant ensemble contre lui, ils utiliseront la confrontation.

- Plus le niveau général du groupe est élevé, plus il est concevable de l'élever encore ; plus il est bas, et plus il est difficile de le faire progresser. Quand l'usage du mode conflit est généralisé, il est quasiment impossible d'en faire sortir le groupe. Le tenant peut donc alors choisir entre le port de l'armure, l'usage de la mitrailleuse lourde, la dissolution du système ou la fuite.

- Un système peut très bien vivre et réussir en résolvant tous ses différends au niveau de la négociation. Le partage n'est pas indispensable pour aller bien ; mais il le sera pour atteindre une réussite exceptionnelle, la création, l'épanouissement optimum de ses membres. C'est typiquement le cas des équipes sportives qui gagnent tout.

- Un individu peut adopter des modes différents selon l'univers dans lequel il se trouve : être dans le partage systématique à la maison, négocier dans son association de boulistes et « confronter » automatiquement au travail. Cela dépend des conditions qu'il y rencontre, des risques encourus, des niveaux de conduites de ses interlocuteurs et des diverses autorités.

Tout tenant de l'autorité qui souhaite améliorer sensiblement la vie de son petit monde devra pour le moins montrer l'exemple, observer, établir une analyse assez fine des comportements, élaborer une stratégie de progression très raisonnable… et s'armer de patience.

Degrés du conflit

Les formes du conflit

Les conflits peuvent prendre de nombreuses formes : conflits ouverts, rampants, larvés, etc. Ils peuvent toucher :

- l'intégrité physique des personnes, leurs ressources vitales, leur santé ;
- leur notoriété, leur réputation ;
- leur équilibre psychologique ;
- leurs responsabilités, leur autonomie, leurs attributions, leur position ;

- leurs moyens matériels, financiers, leurs capacités de déplacement ;
- etc.

Les protagonistes qui ont choisi d'utiliser le mode conflit pour régler leurs problèmes ne se privent pas de multiplier les moyens. Ils cherchent à exploiter tous les secteurs de fragilité qu'ils identifient chez leur adversaire.

> Un collaborateur qui entre en conflit avec son chef évitera certes d'en venir aux mains avec lui, mais n'hésitera pas à colporter des ragots sur ses penchants sexuels supposés, ni à informer ses ennemis sur ses difficultés dans tel ou tel dossier sensible.

Le conflit est un terrain de jeu sans foi ni loi, où tous les coups sont permis tant que l'on gagne. Mais tous les leviers employés n'ont ni la même force ni le même impact.

Degrés de gravité du conflit

Dans les conflits, toutes les pratiques ne sont pas égales. Certaines font plus de dégâts ou laissent des séquelles plus importantes.

On peut ainsi définir la gravité d'une pratique de conflit d'après quelques critères :
- l'atteinte à l'intégrité des personnes ;
- la violence ressentie par l'autre ;
- l'ampleur et la durée des séquelles sur les relations ;
- l'énergie absorbée ;
- la détérioration du système ;
- l'impact sur l'entourage et l'environnement.

> ### Pendant ce temps-là en 42C
>
> Agnès et Bernadette peuvent limiter leur bataille à quelques mots cinglants échangés lors d'un entretien en aparté. Cela restera sans effet sur le service et laissera peu de traces sur leur relation. Elles peuvent

aussi s'affronter dans une guerre interminable, totale et sans merci, impliquant l'entreprise dans son ensemble, en se livrant à des calomnies ou à des sabotages, voire passer à l'acte physiquement. Cela peut aller encore plus loin : Agnès engage un de ses cousins pour mettre le feu à la voiture de Charles et/ou passer Bernadette à tabac au pied de son immeuble... Les tribunaux sont remplis de protagonistes qui ont eu recours à ce type d'expédients extrêmes.

On peut hiérarchiser les degrés du conflit en fonction de leur extension et de leur violence.

Degrés d'extension du conflit

Quand un conflit s'aggrave, il touche successivement :

1. les deux protagonistes ;
2. les protagonistes et le tenant de l'autorité ;
3. quelques personnes proches, indirectement concernées par la situation (dans le cas de la pièce 42C, la chef de groupe et la troisième secrétaire) ;
4. toutes les personnes présentes dans le premier cercle du système (dans le cas de la pièce 42C, toute l'unité administrative est au courant ; si deux frères se chamaillent, ce sont tous les membres du foyer, y compris la femme de ménage, qui sont touchés) ;
5. des parties plus importantes du système, des cercles plus larges (le département tout entier et la direction du personnel, les cousins ainsi que les grands-parents et les amis proches) ;
6. la totalité du système (l'entreprise et les partenaires sociaux, tous les clans de la famille ainsi que les cousins éloignés) ;
7. des acteurs hors du système (dans l'entreprise : le tribunal des prud'hommes, les conjoints, les clients, les fournisseurs, etc. ; dans la famille : la police, le maire, les voisins du quartier, un commerçant, la famille de la petite amie du fils aîné, etc.) ;
8. le public par la médiatisation du problème : un article paraît dans un journal, des groupes de pression ou des associations interviennent, des institutions ou des collectivités territoriales s'en mêlent.

Au-delà du degré 3, le tenant de l'autorité ne peut plus maîtriser directement les développements du conflit. Son influence diminue au fur et à mesure que le problème s'étend. Il a donc tout intérêt à le circonscrire aux degrés 1 et 2 s'il veut pouvoir le réduire dans de bonnes conditions.

Tant que le conflit est limité aux protagonistes et à l'autorité, il est possible de le réformer pour ramener les échanges sur le mode de la confrontation. Dès que des tiers y sont impliqués, cela devient de plus en plus difficile.

À faire

Le contrôle de l'extension du conflit suppose que l'on sache :

- se rendre disponible afin de pouvoir intervenir dès les premiers signes d'apparition d'un conflit ;
- se montrer en toutes circonstances imperméable aux tentatives d'interférences ou de prises d'influence des tiers non protagonistes ;
- avoir préalablement posé une règle obligeant les protagonistes à passer par son filtre avant toute extension. La sanction de l'infraction à cette règle serait de donner tort au contrevenant ;
- pouvoir tout accueillir, tout écouter et tout entendre de ce qu'ont à dire les protagonistes sans juger *a priori* ;
- arbitrer dans tous les cas, trancher, puis assumer pleinement ses décisions[1] ;
- assurer ensuite un suivi régulier du développement du conflit, en maintenant l'application de la règle jusqu'à ce qu'il soit purgé.

---

1. Les règles de la décision sont présentées en détail dans l'ouvrage parallèle, *Développer son autorité, op. cit.*

Degrés de violence du conflit

On peut distinguer quatre types de leviers utilisés qui constituent des terrains d'affrontement différents :

- dans le champ de la communication : les agressions verbales et écrites, comme la médisance ;
- dans le champ technique : les agressions qui portent sur des éléments matériels, les actes de sabotage ;
- dans le champ organique : les agressions qui portent sur la position, les droits… C'est l'exemple d'une prise de pouvoir, d'un acte judiciaire, d'une disqualification, etc. ;
- dans le champ de l'intégrité individuelle : les agressions visant la personne elle-même : coups, séquestration, terreur…

Pyramide de l'agression

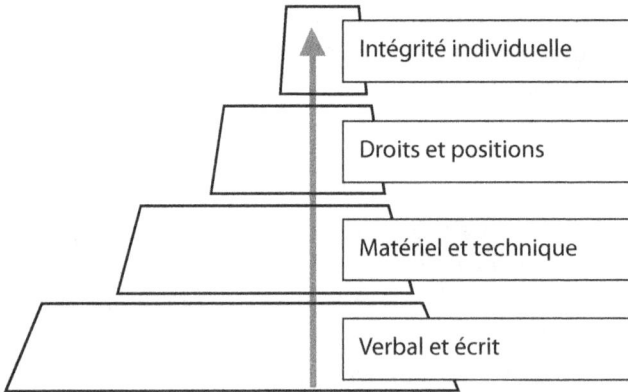

Ce schéma représente une progression ordinaire dans la gravité des conflits. La plupart du temps, les conflits se cantonnent au champ de la communication ; mais s'ils ne trouvent pas de solution à ce niveau, ils s'aggravent en franchissant une étape, et ainsi de suite.

Le risque de cette escalade est fonction de la taille des enjeux, de l'irritabilité des protagonistes, de leurs compétences, de leur histoire, etc.

Mais le facteur d'aggravation qui nous intéresse ici est la pertinence de l'intervention de l'autorité.

Le degré de violence du conflit suit les mêmes règles que son degré d'extension : le retour à des conduites de confrontation n'est possible que si le conflit reste au niveau de la communication.

À faire

Pour maintenir le conflit à un degré de violence gérable, l'autorité doit respecter des règles identiques à celles qu'elle suit pour empêcher l'extension du conflit :

– être accessible et disponible ;
– être insensible aux dégradations des réalisations (le dossier perdu, la vaisselle mal faite, etc.) ;
– interdire l'usage de tout autre moyen que la communication ;
– pouvoir tout accueillir, tout écouter et tout entendre ;
– arbitrer et trancher dans tous les cas ;
– assurer ensuite un suivi régulier.

Zone de communication

Quand le conflit se limite à la communication, on peut distinguer trois sous-niveaux selon que les attaques sont adressées :

3	Au niveau personnel	Des jugements de valeur sur la personne sous forme d'insultes, de calomnies, de ragots, de mises en cause familiales, etc.
2	Au niveau du système	Les intentions et les stratégies de l'adversaire, sa paresse, son manque de professionnalisme, ses difficultés d'intégration, son implication, etc.
1	Au niveau de l'activité commune	Les compétences de l'adversaire, la qualité de ses réalisations, la valeur ajoutée de ses contributions, son rang technique, etc.

Le niveau 3 est le plus violent, le niveau 1 le moins violent.

Des échanges au niveau 1 seront naturellement moins désastreux que des échanges au niveau 3, beaucoup plus douloureux.

Le niveau 1 est sensiblement plus près de la nature des échanges d'une confrontation. C'est donc le seul degré de violence qui permet de revenir à la confrontation. Dans la confrontation, on parle plutôt de soi et on évite de parler de l'autre.

À faire

En tant qu'autorité, votre rôle est double :

– aider les protagonistes à identifier le degré d'agression dans lequel ils fonctionnent ;

– conduire fermement les protagonistes à redescendre les marches jusqu'à ce que les ressentis soient vraiment apaisés des deux côtés.

Zone technique

Quand on arrive dans ce champ, c'est que l'un des protagonistes au moins a choisi de matérialiser le conflit.

> Il y a de la casse : les automobilistes qui se disputaient une place de stationnement en viennent à serrer leurs véhicules ou arracher un rétroviseur ; Agnès subtilise des pièces d'un dossier de Bernadette ; le frère brise le jouet de sa sœur…

L'inconvénient de ce niveau est qu'il est difficile d'effacer les effets matériels des agressions, et donc de revenir en arrière ; car ces impacts cristallisent les rancœurs et aiguisent les sentiments d'injustice et d'impuissance.

À faire

Imposer des réparations complètes avant toute tentative d'arbitrage ou de résolution.

Zone organique

Dans ce champ, on tente de réduire globalement les capacités d'action de l'autre.

Bernadette essaye de provoquer le licenciement d'Agnès pour faute ; l'ex-épouse tente d'obtenir la garde exclusive de son enfant avec interdiction au père de s'en approcher ; un dirigeant tente de faire voter une motion de défiance contre son concurrent, etc.

Dans cette zone, les voies officielles ne sont pas les seules. On peut marginaliser un adversaire dans un groupe, le ridiculiser, l'orienter vers une fausse promotion... L'escroquerie, la manipulation et les arnaques de toute sorte en font partie.

Pour l'autorité, quand le tenant repère des manœuvres de ce type, il n'est plus temps de palabrer. La communication n'a plus cours et les protagonistes feront semblant s'ils y sont contraints.

Dans ce cas, seules des autorités de tutelle extrêmement puissantes peuvent parvenir à raisonner les protagonistes en leur imposant des risques lourds s'ils persistent dans la voie du conflit.

À faire

Reconnaître quand le niveau institutionnel ou structurel du conflit nous dépasse.

Passer la main, laisser faire les autorités supérieures et ne plus s'en mêler.

Zone de l'intégrité individuelle

On franchit ici les limites des conventions sociales et de la loi commune. Sauf à sanctionner lourdement l'agresseur en déclenchant l'appareil légal, il n'y a plus rien à faire.

Pour l'autorité, la seule préoccupation est alors de protéger le système et les personnes en excluant l'agresseur. À la décharge de l'autorité, il peut arriver qu'un protagoniste se lance dans ce genre d'attaque sans qu'on l'ait vu venir. Une personne capable d'agir à ce niveau de conflit n'a pas forcément besoin d'avoir été provoquée. On se trouve ici dans le champ des pathologies sociales, que seules les autorités spécialisées sont habilitées à traiter.

On n'appellera peut-être pas la police pour une gifle du frère à la sœur ; encore faut-il que ce soit exceptionnel, et que l'agresseur puisse réparer en profondeur pour se faire pardonner. Mais si l'agression est répétée, c'est que l'autorité locale a failli et que les personnes sont en danger réel. Dans ce cas, le tenant doit s'effacer au profit de l'autorité générale.

Faire face aux agressions

Un protagoniste susceptible, procédurier, violent, pourra aller directement au degré de violence le plus élevé de ses pratiques habituelles dès lors qu'il est froissé, qu'il s'estime lésé ou menacé. Une fois installé à ce niveau, il n'en démordra que très difficilement.

Le tenant de l'autorité ne pourra pas empêcher sa tendance. Sauf dans des systèmes minuscules comme un foyer de trois personnes, il ne pourra pas non plus veiller en permanence sur tous les sujets de conflits potentiels.

Une autorité très présente, déterminée, qui communique sur ce qu'elle ne tolère pas et qui sanctionne systématiquement, annihile presque toujours l'usage des autres niveaux que ceux de la communication, et prévient ainsi l'escalade.

À faire

Poser les interdits d'une façon générale.

Dénoncer ouvertement dans tous les cas les comportements conflictuels.

Inviter fermement les agresseurs à redescendre immédiatement d'un cran.

Sanctionner.

Synthèse : grille d'analyse de la gravité du conflit

Afin d'évaluer les comportements de chacun en situation de conflit, on utilisera le tableau suivant :

Violence	Extension						
	Protagonistes	Autorité	Proches	Cercle 1	Système	Extérieur	Médias
Intégrité individuelle							
Droits et positions	▨				▨	▨	
Matériel (technique)							
Verbal (personne)							
Verbal (système)							
Verbal (activité)	Base du conflit						

Dans la bande gris foncé, une employée, sans rien faire d'autre et sans rien dire à personne, a saisi le tribunal pour se plaindre de harcèlement de la part d'un de ses collègues.

Dans la bande gris clair, un autre critique auprès de qui veut l'entendre les travaux de son collègue.

Violence	Extension						
	Protagonistes	Autorité	Proches	Cercle 1	Système	Extérieur	Médias
Intégrité individuelle							
Droits et positions							
Matériel (technique)							
Verbal (personne)							
Verbal (système)							
Verbal (activité)	Base						

En gris foncé : une personne s'en prend brutalement à une autre en l'insultant puis la frappe à coups de poing au visage.

En gris clair : deux cousins, en indivision dans deux parties de maison contiguës, se livrent une guerre tous azimuts impliquant la totalité du village. Leur grand-mère commune, qui pourrait être la seule figure d'autorité, est dans l'incapacité de les raisonner.

Le faisceau de flèches représente le processus d'aggravation simultané du conflit dans toutes les directions.

Quelle que soit la situation, plus le conflit est déployé, plus il est difficile à réduire en dehors des règlements judiciaires.

D'un point de vue tactique, quand il est développé à la fois dans les deux dimensions « violence » et « extension », il est vain d'espérer le réduire à une seule.

Au-delà de cinq ou six cases occupées à partir de la base, l'autorité de « proximité » (les parents, le contremaître) est partiellement dépassée, et pénètre dans une nébuleuse d'interactions où elle est impuissante.

Elle doit dès lors, si c'est possible, solliciter l'intervention d'un niveau d'autorité supérieur, lui exposer le problème et formuler des demandes précises sur les conditions de son intervention.

Quand les deux colonnes de droite et les deux lignes du haut sont encore vierges, l'autorité de proximité a encore une maigre chance de réduire le conflit. Ceci dit, elle devra progresser laborieusement et à rebours, case par case.

Faites le point

Cette grille, avec tous les éléments qui la précèdent, permet de caractériser de façon factuelle les données d'une situation de conflit. Elle est avant tout utile pour expliquer aux protagonistes ce dans quoi ils sont pris, et les issues probables. Elle peut également servir à l'autorité pour mesurer l'état de la situation, se donner des objectifs précis et adopter une stratégie efficace.

Elle peut enfin lui permettre d'évaluer sa propre solidité et les risques pour elle-même, voire d'initier une réflexion sur ses propres pratiques.

SECONDE PARTIE

MAÎTRISER LES CONFLITS

Comment maîtriser les conflits ? De quels moyens, de quelles stratégies disposons-nous ? Il faut d'abord étudier les conditions du différend, la façon dont il est géré et les relations entre les protagonistes.

Nous pourrons alors rechercher des solutions spécifiques pour différents milieux tels que l'entreprise, la famille, l'école, les systèmes
sociaux et le monde politique.

Chapitre 4

Gagner en efficacité : une question de pilotage

Au-delà des relations personnelles, on peut agir efficacement sur d'autres facteurs pour réduire les conflits.

La balance des conflits

Face à un problème, certains éléments nous poussent à utiliser le mode conflit, d'autres nous retiennent. De la même façon, une fois que nous sommes entrés en conflit, ces mêmes facteurs personnels peuvent évoluer et nous en faire sortir.

On l'a dit : ce n'est pas la nature ou l'enjeu du différend qui nous pousse à entrer ou non en conflit.

Les facteurs personnels d'engagement dans le conflit

Certains des facteurs qui nous poussent à entrer en conflit nous sont propres ; ils dépendent :

- des objectifs que nous poursuivons ;
- des leviers d'action ou des capacités de nuisance dont nous disposons ;
- de notre croyance dans l'efficacité des différents modes ;
- de notre goût ou dégoût pour les affrontements, l'agression, les échanges de coups ;
- de notre niveau d'altruisme ou d'égocentrisme.

Objectifs de satisfaction poursuivis

Sans entrer dans les origines profondes des objectifs de chacun, on peut constater qu'ils sont très différents d'un protagoniste à l'autre. En cas de désaccord, en effet, on peut chercher à :

1. pérenniser la qualité de la relation, quitte à perdre complètement sur l'objet du différend ;

2. privilégier une image de soi altruiste et trouver un équilibre relationnel avec l'autre en acceptant des concessions importantes ;

3. préserver la relation en recherchant un règlement équitable du différend ;

4. gagner le plus largement possible sur le différend, tout en maintenant la relation sociale (continuer à travailler ensemble, se rencontrer sans se disputer pour les échanges de garde des enfants, etc.) ;

5. gagner en totalité sur l'objet du litige, sans plus, quitte à altérer la relation, mais sans attenter à la personnalité de l'autre ;

6. gagner et obtenir réparation du préjudice subi, quitte à briser définitivement la relation ;

7. gagner et prendre tout ce qu'on peut en plus, quitte à laisser l'autre exsangue ;

8. gagner et laisser à l'autre le souvenir d'une douleur cuisante ;

9. faire le plus de mal possible à l'autre et de façon durable au plan social, affectif, etc., tout en étant indifférent au résultat sur l'objet ;

10. détruire l'autre et ceux qui le soutiennent.

De 1 à 5, le protagoniste préférera un autre mode que le conflit ; de 6 à 10 il optera plutôt pour celui-ci[1].

---

1. Les objectifs 6 à 10 sont habituellement ceux des « personnalités difficiles », avec lesquelles il est extrêmement difficile d'éviter le conflit.

Plus près de 1, il évitera systématiquement le conflit. Entre 3 et 7 il basculera d'un côté ou de l'autre en fonction de facteurs extérieurs ; plus on se rapproche de 10, plus le risque de conflit au moindre événement est grand.

Puissance des leviers d'action et des capacités de nuisance respectives

Quand on sait qu'on est le plus fort et qu'on peut gagner d'un coup décisif, le conflit est attirant. Quand on est démuni et qu'on sait que l'adversaire dispose de moyens imparables, on l'évite plutôt.

Pendant ce temps-là en 42C

Il peut suffire à Bernadette de rappeler à Agnès qu'elle a la preuve de son désir de quitter la société pour la faire reculer. Mais si un dirigeant a une dette personnelle vis-à-vis d'Agnès, celle-ci peut penser que ce paramètre pèsera plus lourd que tous les autres dans la décision finale.

Croyance dans les efficacités des différents modes

Certains sont convaincus que tel ou tel mode est toujours plus efficace. Cela tient à leur éducation, à leur expérience personnelle des conflits, à leurs convictions sociales, etc. Ils auront donc tendance à employer leur mode préféré en toutes circonstances. Ils n'en dérogeront que si les conditions les y obligent. Ils trouvent les autres modes ineptes et les rejettent. Ils s'y sentent à la fois incompétents et maladroits, sinon ridicules.

Pendant ce temps-là en 42C

Bernadette est une adepte de la négociation et trouve idiots les gens qui entrent en conflit. Malgré les agressions d'Agnès, elle continue jusqu'au bout à vouloir rétablir la discussion et cherche des terrains d'entente.

Goût ou dégoût pour les affrontements et l'agression

Sans entrer dans l'analyse des ressorts psychologiques, on constate que certaines personnes, très fortement attirées par les affrontements, semblent y trouver une sorte de plaisir et s'expriment dans l'agressivité. Tout leur est bon pour entrer en conflit. D'autres en ont horreur, ne les supportent pas. Elles cherchent à éviter tout ce qui y ressemble de près ou de loin, y compris la simple expression d'un désaccord. Entre les deux, tous les états intermédiaires sont possibles.

Niveau d'altruisme ou d'égocentrisme

Les personnes pour lesquelles le bonheur, le bien-être et la satisfaction de l'autre sont très importants ont du mal à employer le mode conflit. L'agression est contraire à leurs valeurs comme à leur identité. Sensibles à ce qui peut toucher l'autre, elles éprouveraient elles-mêmes la douleur qu'elles lui infligeraient. Le mode conflit n'est pas viable pour elles et devoir s'y résoudre les perturbe très fortement.

En revanche, les égoïstes et égocentriques [1] n'ont pas ces états d'âme : les sentiments de l'autre ne pèsent rien pour eux. S'ils perçoivent que la douleur affaiblit, déstabilise leur adversaire, ils y voient un moyen utilisable sans scrupule. Ils exploitent donc naturellement le mode conflit dès qu'ils entrevoient une fragilité chez leur interlocuteur.

—— **Faites le point** ————————————————————————————

Toute personne en situation de désaccord peut ou non entrer en conflit, suivant la combinaison des cinq facteurs personnels précédents. Vous pouvez les évaluer à l'aide de la grille ci-dessous.

————————————

1. *Gérer les personnalités difficiles, op. cit.*

Composition des tendances d'une personne
vis-à-vis du conflit dans une situation donnée

	Défavorable au conflit					Favorable au conflit				
	1	2	3	4	5	6	7	8	9	10
Objectifs de satisfaction			■							
Évaluation du rapport de force				■						
Croyance dans l'efficacité du conflit					■					
Goût/dégoût pour le conflit					■					
Altruisme/ égocentrisme						■				

Cette personne présente une tendance assez moyenne. Il est probable qu'elle renoncera au conflit. Mais elle peut y basculer.

	Défavorable au conflit					Favorable au conflit				
	1	2	3	4	5	6	7	8	9	10
Objectifs de satisfaction						■				
Évaluation du rapport de force		■								
Croyance dans l'efficacité du conflit								■		
Goût/dégoût pour le conflit										■
Altruisme/ égocentrisme								■		

Cette autre personne ira nécessairement au conflit même si le rapport de force ne lui est pas favorable, car tout l'y attire.

On voit ainsi des gens se ruer dans des comportements conflictuels malgré leur intérêt évident, et bien qu'elles en connaissent le danger.

Il suffit que le curseur soit en butée d'un côté ou de l'autre sur un seul des facteurs pour que la personne choisisse de basculer de ce côté, malgré tous les autres facteurs. Autrement dit, rien ne pourra l'empêcher soit d'aller au conflit, soit de le fuir comme la peste.

En revanche, quand l'ensemble des curseurs est plutôt au centre, elle peut basculer d'un côté ou de l'autre, selon la pression que des facteurs externes exerceront sur elle.

L'autorité, les amis, l'entourage ont peu d'influence directe sur les calages que l'individu effectue sur ses facteurs personnels. Les proches seront souvent contraints de constater l'option prise contre vents et marées et de s'y adapter. Les arguments de toute nature ont peu de prise sur les ressorts intimes de ces préférences.

Livré à lui-même, l'individu pris dans un désaccord élabore donc sa conduite en pondérant les facteurs qui remplissent les deux côtés de sa balance.

Les facteurs externes d'engagement dans le conflit

Mais il est possible d'en corriger les effets dans un sens ou dans l'autre en agissant sur les facteurs externes qui vont peser, en plus, d'un côté ou de l'autre de la balance.

L'engagement dans le conflit peut être influencé par :
- la conduite de l'autre protagoniste ;
- les interférences ou les pressions de l'entourage ;
- l'instabilité ou la confusion de la situation ;
- la surprise et l'urgence ;
- la confiance ou la défiance vis-à-vis de l'équité d'une solution issue de la confrontation ou de la négociation ;
- la conduite de l'autorité dans la gestion du conflit.

Conduite de l'autre protagoniste

Quand l'un des protagonistes démarre d'emblée sur le mode conflit, c'est une provocation et une invitation à le suivre. Souvent, celui qui prend l'initiative détermine le mode commun. Si l'un engage immédiatement les hostilités, l'autre tend à réagir de la même façon.

Ce phénomène est d'autant plus fort que le conflit est grave et étendu. Or, les habitués « experts » du conflit savent y faire pour rendre immédiatement les situations irréparables. Il faut être extrêmement solide pour résister à une sollicitation violente et ne pas se laisser embarquer dans un conflit. De ce point de vue, l'intervention de l'autorité peut être déterminante.

À faire

Empêcher l'escalade dès le départ.

Soutenir celui qui refuse le conflit.

Interférences et pressions de l'entourage

L'entourage des protagonistes peut être décisif. Il peut pousser à la guerre ou tenter de contenir les comportements. Il peut intervenir :

- parce qu'il trouve un intérêt aux enjeux du désaccord ;
- pour asseoir son influence sur l'un des protagonistes ;
- pour des raisons d'inimitiés personnelles (les ennemis de mes ennemis sont mes amis).

Mais un proche peut aussi tenter d'intervenir par amitié, pour préserver la cohésion du groupe, ou pour toute autre raison positive. Les motivations de ces interférences sont donc diverses, parfois contradictoires, et pèsent des deux côtés.

Dans tous les cas, ces ingérences étendent le problème et ne facilitent pas toujours la solution.

À faire

Tenir à distance l'entourage.

Recentrer le désaccord entre les protagonistes.

Dénoncer et combattre les prises d'intérêt périphériques.

Amener les protagonistes à être autonomes dans leur réflexion et leur prise de position.

Évaluer soigneusement les intentions et les offres de conciliation avant d'en permettre l'exécution.

Prendre en main l'arbitrage exclusif du différend.

Instabilité et confusion de la situation

Un désaccord qui survient dans une situation générale confuse, instable, ne déclenchera pas les mêmes réponses que s'il survient dans une situation claire, lisible, sécurisée pour les acteurs.

Pendant ce temps-là en 42C

Si Agnès et Bernadette avaient été certaines qu'Agnès serait promue chef de groupe et qu'un temps partiel serait accordé à Bernadette, ou encore si elles avaient été impliquées au départ dans le recrutement d'une stagiaire, il n'y aurait probablement pas eu de conflit.

La confusion et la versatilité des décideurs créent et aiguisent des sentiments d'insécurité. Face à l'enjeu d'un désaccord, on réagit plutôt sur le mode conflit quand on se sent en danger, impuissant ou acculé. C'est à la fois très animal et très banal : les émotions l'emportent facilement quand elles sont exacerbées. Elles pèsent d'autant plus lourd dans la balance que les risques encourus sont grands.

Les conflits se nourrissent des angoisses liées aux autres enjeux de la situation.

Certes, le conflit crée du désordre mais il en est également le fruit. Dans des univers sécurisés, apaisés, stables, il apparaît moins fréquemment.

À faire

Lever systématiquement toutes les inquiétudes possibles dans la situation générale des ressortissants, y compris en période calme.

Être régulièrement à l'écoute des préoccupations de toutes natures en permettant qu'elles s'expriment.

Identifier les motivations accessoires des protagonistes dans un désaccord, les révéler et y répondre.

Montrer par l'expérience que les autres modes de résolution permettent de mieux prendre en compte les besoins périphériques de la situation.

Surprise et urgence

On peut distinguer trois temps dans la genèse et le développement d'un désaccord :

1. en amont : la découverte des données du différend et des enjeux. À cette étape, le désaccord est encore hypothétique (on commence à dire que l'arrivée d'une stagiaire pourrait exiger le déplacement d'Agnès ou de Bernadette) ;

2. le déclenchement réel : l'alternative devient certaine, l'enjeu effectif. La décision est prise et annoncée (Bernadette ou Agnès ira en 42C ; les deux automobiles manœuvrent pour la même place de parking ; plainte a été déposée ; etc.) ;

3. en aval : la résolution, le moment où l'un des deux aura gagné. La décision rendue est définitive et exécutoire.

Quand les temps 1 et 2 sont confondus, l'enjeu est brutal et immédiat. Les protagonistes n'ont pas le temps de digérer, de réfléchir, ni de se préparer. Ils sont contraints de choisir immédiatement un mode. L'autorité n'a pas d'espace pour préparer le terrain, anticiper la gestion et organiser les débats. Cette confusion est un facteur favorable au conflit.

De la même façon, quand les temps 2 et 3 sont extrêmement rapprochés, les acteurs sont sous pression. Ils n'ont aucune latitude pour s'apaiser et envisager la suite ; ils craignent de tarder à réagir et de perdre du terrain ou de la puissance en ne tirant pas les premiers. Ce resserrement est également favorable au conflit.

À éviter

L'autorité est à la source des conflits quand elle tarde à informer les personnes concernées de ses intentions (temps 1). Tergiverser, attendre le plus tard possible pour communiquer parce qu'on craint les mécontentements et qu'on repousse la perspective de gérer des situations délicates marquent l'hypocrisie des décideurs et sont des facteurs prépondérants de conflit.

À faire

Prévenir le plus tôt possible les acteurs des éventuels enjeux à venir, en les impliquant dans la construction de l'alternative.

Se déterminer nettement dans l'affirmation de l'enjeu et des conditions de sa résolution.

Fixer de façon officielle le moment où l'alternative est affirmée, ainsi que l'échéance.

Laisser du temps aux protagonistes entre l'annonce et l'échéance.

Confiance ou défiance vis-à-vis de l'équité d'une solution issue de la confrontation ou de la négociation

Chacun peut douter ou être certain d'être pris en compte ou traité équitablement par une autre voie que celle du conflit. Cette conviction s'élabore à partir de plusieurs paramètres :

- les objectifs qu'on prête à l'autre, ses capacités à participer sincèrement à une démarche équitable, dans le cadre réel de la situation ;
- la rigueur et la justice de l'arbitrage, la lucidité de l'autorité, ou son parti pris éventuel ;
- les intérêts interférents de l'autorité et des autres acteurs ;
- l'historique des règlements des désaccords précédents dans le système ;
- la fiabilité ultérieure probable des décisions prises, etc.

Les paramètres dépendants de l'autre protagoniste ne sont pas les seuls en jeu.

Le poids relatif de l'autorité dans la construction de cette conviction est considérable. Si elle est rigoureuse, impartiale, ferme et protectrice, elle peut fortement compenser les mauvais penchants de tel ou tel protagoniste, et garantir à l'autre une issue équitable. La qualité et l'implication de l'autorité sécurisent le fonctionnement des modes équitables.

On peut ainsi aller d'une confiance absolue à une défiance totale, qui conditionneront l'engagement ou non dans le conflit.

À faire

Arbitrer toujours au plus juste des intérêts réciproques, en référence à un enjeu précisément défini.

S'en tenir strictement aux mêmes modalités dans la gestion de tous les désaccords.

Conduire les confrontations vers des résultats acceptables de part et d'autre, et les négociations vers des bénéfices partagés.

Empêcher les prises de dominance d'un protagoniste sur l'autre.

Conduite de l'autorité dans la gestion du conflit

Dans tous les types de systèmes, il y a finalement peu de conflits dans lesquels l'autorité soit neutre, où elle n'ait pas de pouvoir d'arbitrage ou de décision. Les protagonistes tentent donc naturellement de l'influencer, soit pour l'amener dans leur camp, soit pour obtenir qu'elle s'efface lorsqu'ils croient tenir la victoire, soit enfin pour la marginaliser dans le débat quand ils pensent qu'elle leur est contraire.

Quoi qu'elle fasse, y compris quand elle ne fait rien, l'autorité agit sur le traitement et la solution du désaccord.

Elle interfère dans tous les cas, sur tous les aspects du différend : la forme, le fond, le résultat. La posture de l'autorité est un enjeu essentiel pour les protagonistes. Ils vont donc chercher à l'infléchir à leur avantage.

Le choix du mode conflit peut être un levier d'influence sur l'autorité. Il existe des tenants de l'autorité qui se laissent facilement bousculer, impressionner ou séduire par des conduites conflictuelles, et d'autres chez qui elles provoquent plutôt un raidissement contraire.

Les premiers favorisent l'usage du conflit, en encourageant l'expression des personnalités dominantes, égocentriques et agressives.

Les seconds tempèrent sensiblement la tentation du conflit, surtout s'ils appliquent les règles d'usage exposées au chapitre 2 et particulièrement la règle n° 9 : quand l'un des protagonistes impose le mode conflit, il a forcément tort sur l'objet.

À faire

Ne jamais céder à la menace ou à la pression du conflit.

Ne jamais se laisser déstabiliser par les agresseurs, même si l'agression n'est pas tournée vers le tenant de l'autorité.

Résister aux tentatives de copinage, aux flatteries comme aux promesses, y compris quand celui qui les prodigue semble avoir raison sur l'objet.

Rester conscient en permanence de la puissance de sa posture en l'affirmant comme telle.

Synthèse des facteurs internes et externes

En somme, l'autorité dispose de nombreux leviers pour agir sur les facteurs externes. Sauf face à des sociopathes avérés[1], elle peut toujours en user pour faire basculer la balance à l'inverse du conflit.

En appliquant durablement la totalité des recommandations précédentes, l'autorité pèse d'un poids considérable dans la motivation des ressortissants, quels que soient leurs penchants, à opter dans tous les cas pour d'autres modes que le conflit.

Au contraire, en ignorant régulièrement plusieurs de ces recommandations, l'autorité laisse s'épanouir dans le système une jungle qui fait la part belle aux conduites dévastatrices des dominants et qui oblige tous les autres, pour se protéger, à participer malgré eux aux conflits.

---

1. Cette problématique est développée dans *Gérer les personnalités difficiles* de la même collection.

Tarir la source des conflits

Vices et vertus du pilotage

Lorsqu'on observe deux systèmes comparables, il apparaît fréquemment que le nombre et la gravité des conflits peuvent y être très différents.

Deux unités de la même entreprise comprenant une trentaine de personnes, ayant des populations semblables, faisant le même travail, managées par des responsables qui ont la même compétence, ont des taux de conflits sans commune mesure. L'une est perpétuellement traversée par des conflits de toutes tailles, acides et durables, l'autre est très calme et ne connaît que très rarement des conflits, isolés et rapidement réglés.

La raison de cet écart n'est pas dans la façon de gérer les conflits car elle est à peu près identique : les deux managers sont également polis, moyennement à l'écoute de leurs collaborateurs, pas très communicants, et font à peu près la même chose quand un conflit survient. Pourtant, le premier s'épuise en entretiens et tentatives d'arbitrage, quand l'autre ne doit le faire que de façon anecdotique.

En y regardant de plus près, on constate cependant des différences significatives dans la façon dont les activités sont pilotées des deux côtés :

Pilotage	Unité 1 Beaucoup de conflits	Unité 2 Peu de conflits observés
Définition des activités	Pas de fiches de postes ; les territoires sont confus et se chevauchent ; trous et doublons.	Fiches de poste précises ; les tâches affectées y correspondent ; chacun sait ce qu'il a à faire.
Définition des objectifs	Objectifs vagues, surévalués, collectifs ; ni préparés, ni débattus, ni présentés.	Objectifs réalisables, déclinés précisément au niveau individuel, négociés et explicites.
Définition des moyens	Moyens sous-évalués, supposés par la formulation administrative ; à chacun de trouver ses moyens réels ; les mêmes moyens sont affectés à plusieurs acteurs.	Moyens affectés, réservés, protégés ; calibrés d'après les objectifs et les compétences ; estimés avec les acteurs ; fixés par décision et publiés.

Pilotage	Unité 1 Beaucoup de conflits	Unité 2 Peu de conflits observés
Planification	Bricolée, incomplète ; raturée, modifiée par les individus ; pas de règle de construction claire ; jamais validée par l'autorité, jamais tenue en temps réel.	Organisée selon un processus strictement respecté ; anticipée, maîtrisée par l'autorité ; prend en compte tous les facteurs ; tenue rigoureusement en temps réel.
Priorisation et arbitrage	Tout doit être fait ! Pas de rang d'importance affecté aux travaux ; en cas de problème pas de révision des engagements ; abandons sauvages, pertes, dépassements, retards, etc.	Tous les travaux sont hiérarchisés en amont ; en cas de problème, méthode de révision partagée ; régulation fréquente des objectifs, des moyens et des charges.
Évaluation	Jugements aléatoires sur les travaux ou sur les personnes ; pas de critères définis ; n'importe où, n'importe comment ; appréciations subjectives communiquées à des tiers.	Critères définis, publiés et respectés ; procédés et rendez-vous organisés ; pas de jugement sur les personnes ; mesure factuelle des réalisations ; partagée avec chacun.
Information	Inaccessible ; il faut deviner qu'elle existe et aller la pêcher ; tronquée, anecdotique, réservée à certains, instable ; toujours tardive ; invérifiable.	Accessible, formatée, organisée et largement partagée ; complète ; ciblée et diffusée aux intéressés ; qualifiée par l'autorité mais pas retenue ; anticipée.
Gestion du temps par l'autorité	Autorité perturbatrice ; nie ou sous-estime toutes les durées ; versatile et négligente avec ses collaborateurs ; fait attendre ; fournit les données en retard, crée des urgences.	Autorité respectueuse ; juste dans l'estimation des durées ; fiable avec ses collaborateurs ; tient ses délais et ses rendez-vous ; anticipe les données ; gère les compressions ; confronte sa hiérarchie au besoin.

Un pilotage inconsistant et désordonné est un extraordinaire générateur de conflits, car il envenime tous les paramètres de leur développement.

Un tel fonctionnement du système suscite et excite la concurrence entre les participants. Il faut se battre pour tout et tout le temps pour ne pas se retrouver marginalisé, injustement accusé ou face à des tâches impossibles. Il n'y a aucune visibilité ni aucune protection, tout peut arriver et tout arrive effectivement.

Dans l'unité 2, le manager investit dans l'ordre, la rigueur, la prise en charge, le respect et le courage. Cela lui coûte très sûrement du temps, de l'énergie psychique et personnelle pour se discipliner ; mais il en gagne au moins autant par la qualité de l'environnement qu'il crée. Le système et la performance y gagnent également.

Management de l'ordre : de l'ordre dans le management

La rigueur du pilotage exprimée dans la colonne de droite peut être appliquée par toute autorité qui souhaite faire l'économie radicale des conflits.

Cependant, toute incursion dans les pratiques de la colonne de gauche est une fissure dans le rempart. Aussi mince soit-elle, elle peut provoquer une fracture qui ouvre la porte aux conflits.

Ce tableau, constitué de huit critères importants de pilotage, est pourtant incomplet, car tous les autres critères d'organisation et de pilotage pourraient y être intégrés et détaillés selon les mêmes principes.

Pour être exhaustif dans l'application de la démarche, il faudrait dresser la carte complète des actes de management.

On pourrait ainsi élargir cette démarche à :

- la définition des politiques et des stratégies ;
- l'organisation des structures et du travail ;
- la gestion administrative et financière ;

- l'affectation des personnes ;
- la formation et la gestion des compétences ;
- l'ergonomie des postes de travail ;
- le choix des techniques et des matériels ;
- etc.

À faire

Pour appliquer systématiquement les principes qui permettent d'éloigner le risque de conflit, il faut :
- formaliser les procédés ;
- se tenir aux règles édictées ;
- délimiter finement les territoires et les responsabilités ;
- organiser l'équité ;
- prendre en compte le plus grand nombre de paramètres ;
- impliquer les personnes ;
- donner tous les accès possibles ;
- anticiper l'information et les traitements ;
- assumer la prise en charge des régulations et des sanctions.

En somme, il suffit au manager de remplir pleinement sa mission fondamentale pour éliminer par avance la majorité des conflits…

Un manager qui conduit l'organisation et les activités de façon exigeante et rationnelle, dans le seul but de la performance, prévient les conflits sans s'en préoccuper *a priori*.

Faites le point

Allez-vous au bout de vos actes et de vos pratiques d'autorité vis-à-vis des situations pré-conflictuelles et conflictuelles ?

Dans votre pilotage des prémices du conflit, êtes-vous capable de :

- mesurer les facteurs personnels d'engagement dans les conflits de vos ressortissants et les anticiper ?
- contrôler et contenir les interférences de l'entourage ?

– stabiliser et éclaircir les situations à enjeu en amont des conflits ?

– maîtriser le calendrier de traitement des problèmes sources ?

– montrer en toutes circonstances la rigueur de vos arbitrages ?

Dans votre pilotage général des activités en vue de la performance (et accessoirement pour prévenir la naissance des conflits), savez-vous :

– organiser et formaliser précisément les activités, les territoires, les outils, les missions, les performances attendues ?

– distribuer les moyens, les tâches et les charges selon des critères explicites, justes, stables et affichés ?

– définir les objectifs, les priorités, les plannings selon des critères connus de tous, pragmatiques et calibrés ?

– gérer et évaluer les personnes selon des critères strictement professionnels, factuels et homogènes ?

– assumer vos choix et vos décisions y compris vis-à-vis de votre hiérarchie ?

Chapitre 5

Gagner en efficacité dans la gestion des différends

Quoi qu'elle ait pu mettre en place, l'autorité ne peut empêcher totalement l'apparition des conflits.

Dans la plupart des cas, ils naissent à la suite d'une confrontation un peu sèche. Les échanges verbaux entre protagonistes commencent à se déplacer de la confrontation vers la zone verbale du conflit, étendu aux seuls protagonistes et éventuellement à l'autorité.

Dans de telles situations à peine dégradées, il est encore possible de revenir à des modes plus raisonnables : l'autorité peut déployer des stratégies pertinentes et utiliser des techniques de communication adaptées pour réduire, puis écarter l'usage du conflit.

Procédés d'intervention

À partir du moment où il y a un risque de glissement de la confrontation vers le conflit, l'autorité doit intervenir. D'une façon ou d'une autre, elle doit s'interposer entre les protagonistes pour maintenir les échanges au minimum dans le mode confrontation.

Pour être efficace, le tenant de l'autorité doit respecter quelques règles et prêter attention à la nature comme à la forme des interventions aux différentes étapes.

Médiation ou arbitrage ?

Face à un conflit qui démarre, les tenants de l'autorité réagissent très fréquemment en convoquant les protagonistes pour les amener à s'écouter mutuellement et à se mettre d'accord. Dans ces réunions, le tenant de l'autorité prend une posture de médiateur sur la base d'une idée simple : chacun doit faire un effort et tout ira pour le mieux. Autrement dit, les torts sont partagés, il suffit de les reconnaître, de faire quelques concessions pour aboutir à un consensus.

Les responsables qui appliquent cette démarche aimeraient d'un seul coup être débarrassés du problème, ne pas avoir à trancher pour ne pas s'exposer et retourner rapidement à la tranquillité d'une conciliation apparente.

La stratégie employée dans cette logique adopte toujours à peu près les mêmes principes : on édulcore la gravité des ressentis, on réduit l'importance réelle des enjeux, on énonce des lois affectives (il faut s'apprécier mutuellement et coopérer, etc.). Au fur et à mesure des débats, l'autorité gomme les différends, minimise les écarts de conduite, jusqu'à dire, comme si le sentiment était partagé par tous, que finalement, « ce n'était pas grave », « on s'est compris et tout est réglé ».

Le consensus est-il une fin ou un début ?

Ce procédé est cohérent avec l'objectif affiché de consensus. Malheureusement, le consensus est souvent un état extrêmement pauvre où les protagonistes ne sont d'accord sur presque rien.

Lorsqu'on met face à face des interlocuteurs dont les désaccords sont importants, et non résolus sur le fond, il ne peut y avoir de consensus qu'en excluant ces différends du débat.

Pendant ce temps-là en 42C

Entre Agnès, Bernadette et Charles, le seul consensus possible sans s'attaquer de front au problème, c'est que toutes deux veulent garder leur emploi, qu'elles sont de bonne volonté et compétentes, et que chacune mériterait de rester à sa place.

Charles les amène en douceur à concéder que les avantages de leurs emplois ne seraient pas mis en cause, que le passage par la pièce 42C ne serait que provisoire, et qu'elles n'ont pas de raisons de s'en vouloir personnellement. Ravi de ces avancées, Charles conclut que la direction prendra la meilleure décision possible ; il félicite les deux femmes d'être parvenues à une position raisonnable ; il est désormais convaincu que tout se passera bien.

Si on s'en tient là, le conflit est officiellement enterré ! En réalité, il reste souterrain, invisible. Comme il ne peut plus s'exprimer au grand jour, il risque fort de devenir plus sournois et certainement plus grave. Il n'est en rien résolu.

Si le consensus est le seul objectif pour faire cesser l'agitation, on procède par réduction apparente des positions et on aiguise le conflit.

Cependant, si on considère au contraire ce très mince résultat comme un début qui permet d'établir les bases d'un échange plus serein, le traitement du problème peut commencer.

À faire

Ne pas se contenter du consensus initial, qui n'est qu'une étape.

Viser un accord substantiel, en sachant qu'il demandera du temps, de l'énergie et un pilotage fort.

Aider les protagonistes à construire un véritable consensus.

La médiation pour sortir des conflits ?

Querelles de voisinage

Deux voisins se disputent pour une courette commune et des histoires de passage, d'encombrement, de bruit et de propreté. Ils en sont à échanger des noms d'oiseaux ; mais le conflit est encore restreint : pas d'actes physiques ou de mains courantes au commissariat.

Un troisième voisin, non concerné par la courette, aimerait bien les réconcilier. Il joue aux boules avec l'un et prend l'apéritif avec l'autre, mais chacun lui reproche ses liens avec l'ennemi. Il tente donc une médiation.

Il n'a pas d'intérêt direct dans l'affaire ni aucun pouvoir pour les départager ou leur imposer quoi que ce soit. Il s'efforce donc de les ramener à des échanges polis, tels qu'ils puissent s'entendre et trouver des arrangements pratiques qui satisfassent l'un et l'autre.

La médiation ne consiste pas à définir la solution ni à agir sur les protagonistes pour la leur faire accepter. Elle consiste seulement à rétablir une communication plus sereine, créer les conditions d'une écoute mutuelle, et accompagner la genèse de solutions vraiment acceptées des deux côtés.

En l'occurrence, ce voisin n'est pas en position d'autorité. La médiation est donc un choix parfaitement adapté.

Pendant ce temps-là en 42C

En revanche, Charles ne peut pas adopter une posture de médiateur dans l'affaire de la pièce 42C. En tant que tenant de l'autorité, il est impliqué, il a tout pouvoir pour imposer une solution sur le contenu comme sur la méthode. Il maîtrise une part essentielle de l'enjeu puisque ce sera d'après sa recommandation que la hiérarchie tranchera en faveur d'Agnès ou de Bernadette.

Dans la très grande majorité des cas de différends, l'autorité n'est pas neutre car les solutions dépendent de ses décisions :

- Soit le tenant de l'autorité conserve l'exercice de la décision, auquel cas il lui revient de l'assumer. Le fond du débat n'est donc pas entre les ressortissants, mais entre eux et lui. Le conflit est un dérapage qui résulte d'une conduite inconséquente de sa part. L'arbitrage comme moyen de résolution est à la fois une aberration et une hypocrisie. C'est une façon de contourner ses responsabilités.

- Soit il abandonne la décision aux protagonistes, auquel cas il se défait de sa position d'autorité. Lorsque le conflit est engagé, ce choix conduit directement au pugilat. Notre tenant, qui ne l'est plus, devenu pyromane, se déguise en pompier pour entamer une médiation… Quel charmant garçon !

À éviter

Adopter une posture de médiateur et renoncer à son autorité pour résorber les conflits.

Cependant, l'autorité peut utilement se poser en médiateur dans certaines conditions cumulées :

- l'objet du différend n'implique que les protagonistes et n'a pas d'effet sur le système ou d'autres acteurs (il s'agit de savoir qui aura le nouveau fauteuil, qui traitera un dossier déplaisant, etc.) ;
- les protagonistes sont habituellement compétents pour résoudre leurs différends sur les modes confrontation ou négociation ;
- ils ont conscience qu'ils sont pris par leurs émotions, qu'ils ont du mal à être objectifs, et ils sont demandeurs d'une aide pour échanger sur un mode plus serein ;
- ils manifestent explicitement leur désir de préserver la relation.

Dans ce cas, ils sont volontaires pour échapper au conflit et d'accord pour porter la responsabilité de la solution. D'une certaine façon, ils sont prêts à l'autodiscipline. L'autorité peut donc s'effacer en tant que telle et les accompagner dans une démarche plus autonome.

Les avantages sont évidents, car c'est une étape déterminante vers l'autogestion des ressortissants qui pourront progressivement se passer aussi de la médiation.

L'arbitrage : la mission de l'autorité

Football

Un groupe de gamins improvise un match de football. Les disputes se multiplient très vite pour savoir s'il y a faute, hors jeu, sorties en touche, etc. Un plus grand arrive et leur propose de faire l'arbitre. Les disputes cessent. Ponctuellement, un gamin râle un peu sur une décision, mais tout le monde se concentre sur le jeu et les sourires reviennent.

Au football, l'arbitrage ne consiste pas à rétablir la communication entre les protagonistes, mais à recentrer leur communication sur ce qu'ils font en les débarrassant de la gestion des incidents. Au football, l'arbitrage se limite à imposer des décisions qui concernent l'application des règles.

Dans d'autres cadres, l'arbitrage consiste aussi à prendre des décisions sur le fond au-delà des règles établies : donner tort ou raison, affecter un même objet convoité par deux personnes, choisir entre deux objectifs, deux options stratégiques, etc.

Le tenant d'une autorité statutaire, dans un système comme l'entreprise ou la famille, est naturellement amené à arbitrer tous les différends qui apparaissent dans son champ d'attributions[1]. Cela fait partie de sa mission, quels que soient les modes de résolution employés.

Il doit donc les arbitrer sur le contenu, mais également sur la forme. Autrement dit, il lui revient d'utiliser l'arbitrage pour imposer à la fois une décision sur le fond et des relations strictement cantonnées à la confrontation ou à la négociation.

Démarche d'arbitrage

Autant que possible, le tenant de l'autorité tentera de se conformer à la démarche suivante :

1. Réunir les protagonistes pour les discipliner sur la forme

Il faut d'abord appliquer la règle n° 7 : « Dans sa zone de responsabilité, l'autorité doit promouvoir systématiquement le mode confrontation à la place du mode conflit. »

Il s'agit seulement de rappeler aux protagonistes la méthode de traitement du différend, sans entrer dans le contenu ou l'enjeu. Le tenant

---

1. La notion d'autorité peut être définie comme une prise d'influence telle qu'on obtient ce qu'on veut des autres, ou comme une position officielle dans un système qui nous confère des capacités de décision. Ces notions sont développées dans l'ouvrage *Développer son autorité, op. cit.*

de l'autorité montre ainsi sa volonté d'exclure le conflit comme mode de résolution : il fournit le mode d'emploi. Cela permet par la suite de stigmatiser celui qui se mettrait en infraction par l'usage de conduites conflictuelles.

Lorsque cette étape est systématiquement répétée en cas de tension, les ressortissants en prennent l'habitude, s'y attendent, l'inscrivent dans leur propre fonctionnement. Ils finissent par la devancer en signalant au tenant qu'ils connaissent la règle et qu'ils vont l'appliquer pour résoudre leur différend. Quand cet usage est acquis, le tenant peut suggérer aux protagonistes de traiter le problème entre eux et se contenter de faire allusion à la méthode.

2. Recevoir séparément les deux protagonistes sur le fond

Ces deux entretiens doivent avoir lieu rapidement à la suite du précédent, de façon à éviter l'accumulation d'événements entre les deux phases.

L'autorité entend et creuse les positions et les attentes de chacun des protagonistes sans entrer dans des débats à propos de l'autre ni donner un avis.

Ces entretiens servent d'abord à cerner précisément les ressorts du différend, les besoins et les points de vue de chacun. Il s'agit de mettre en perspective les conduites des uns et des autres. Le tenant pousse son questionnement pour identifier parfaitement ce qui anime l'un et l'autre et pour prendre une mesure fine des paramètres de la situation : facteurs internes et externes, tendances, degré de gravité, etc.

À l'issue de ces échanges, le tenant invite fermement les protagonistes à rester neutres dans l'attente de l'échéance d'une réunion qu'il leur fixe dans un délai rapproché.

3. Élaborer une stratégie

Cette étape requiert une prise de recul, dans le calme, et d'une durée suffisante.

L'autorité met en regard les éléments d'analyse recueillis pour définir sa conduite :

- sa décision (ou sa contribution à la décision) sur l'objet du différend ;
- les objectifs de traitement : ce qui devra finalement être réalisé, mis en place, exécuté, par qui, quand, en respectant quelles obligations ;
- le mode de résolution (confrontation, négociation, etc.) auquel amener les protagonistes s'il reste des éléments à débattre ;
- la délimitation très précise des débats qui restent à explorer ; ils peuvent être soumis aux protagonistes sous forme de questions, de suggestions ou de propositions ;
- les étapes et les formes du dialogue à établir entre eux, et les rendez-vous correspondants ;
- les conduites attendues à court et à long terme de la part des protagonistes ;
- les modalités de sa propre intervention ;
- les modalités de pilotage au cas où l'un des protagonistes renâclerait à s'inscrire dans la démarche.

4. Réunir de nouveau les protagonistes sur le plan d'action

La réunion est indispensable pour garantir que tous les acteurs du différend aient bien entendu la même chose. Le responsable expose son plan d'action. L'objectif n'est pas de mettre les protagonistes d'accord, mais de s'assurer que tous les éléments sont clairement posés, bien compris et qu'il ne subsiste aucun doute sur le programme fixé.

Chacun des protagonistes peut demander des éclaircissements, soulever de nouveaux points de préoccupation, révéler des besoins, donner des avis. Le tenant de l'autorité y répond pour ce qui est arrêté et réserve sa réflexion pour des éléments qui restent à peser, ou renvoie les protagonistes aux débats prévus.

Il conclut la réunion en demandant aux protagonistes un accord formel sur la démarche et sur le programme. Il rappelle qu'on ne reviendra pas sur celui-ci.

5. Conduire la progression

Le problème ne peut raisonnablement être résolu d'un seul coup. Le plan d'action peut comporter des entretiens séparés, des décisions, des actes de pilotage, des aménagements de la situation, etc.

L'autorité doit tenir rigoureusement ses propres engagements pour obtenir l'engagement des protagonistes.

Le tenant peut avoir à faire des « régulations », c'est-à-dire redresser des déviations sur la forme ou sur le fond. Pour cela, il peut reprendre rapidement les phases précédentes de la démarche, utiliser les règles d'usage présentées au chapitre 2, ou exploiter les ressources des techniques de gestion des relations présentées ci-après.

À faire

Pour se mettre en position d'arbitrage, le tenant de l'autorité doit donc successivement :
- réunir les protagonistes sur la forme ;
- les recevoir séparément sur le fond ;
- élaborer une stratégie ;
- réunir de nouveau les protagonistes sur le plan d'action ;
- conduire la progression.

Ce plan d'action, néanmoins, peut connaître des difficultés inattendues. Si l'autorité a théoriquement la mission de piloter les conflits, elle se heurte parfois à des éléments purement humains qui empêchent de clarifier et de délimiter les enjeux.

La zone obscure

Dans pratiquement toutes les circonstances de communication, et particulièrement en cas de conflit, on n'est pas dans une situation « claire » où la frontière entre accord et désaccord est parfaitement connue et délimitée. La plupart du temps, la situation comporte une zone de confusion.

Situation claire   Situation confuse

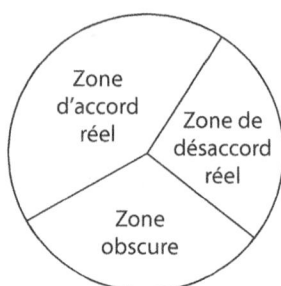

Une compréhension difficile

La zone obscure est faite de malentendus, de confusions, d'incompré-
hensions, de préjugés, d'*a priori*, de jugements de valeurs, de stéréo-
types, d'illusions, de méconnaissances, d'intentions cachées ou plus
ou moins conscientes.

Elle empêche l'accès à une compréhension réelle de l'interlocuteur, à
une véritable négociation ou à une médiation.

Dans une situation conflictuelle, plus la zone obscure est importante,
plus elle parasite les échanges. Les tentatives de médiation, de négociation, de compréhension restent vaines. Beaucoup de temps et
d'énergie sont consommés inutilement au profit de la zone obscure.
Seule la mise en lumière de ce qu'elle contient permet un déblocage
et l'aboutissement à une situation claire – ce qui ne signifie en aucun
cas une situation d'accord.

Pendant ce temps-là en 42C

Agnès est claustrophobe. Petite, elle a été oubliée et enfermée par
mégarde dans un réduit par sa grande sœur qui la gardait. Elle en est
restée choquée, et s'est promis de ne plus jamais se laisser enfermer
par personne. Elle n'en a jamais parlé dans le service. La simple idée
de se retrouver en 42C l'oppresse. D'ailleurs, elle n'y est entrée que
deux fois cette année, pour en ressortir aussitôt.

Bernadette a besoin de voir du monde ; plus que l'enfermement, c'est la solitude qui lui pèse. De plus, elle souffre d'avoir toujours été la deuxième partout, de passer après son grand frère. Elle s'impose par le mérite, l'intelligence, le travail, et vit la perspective de la 42C comme une régression totalement injuste et inacceptable. D'autant que contrairement à Agnès, qui est d'un caractère difficile, Bernadette est appréciée professionnellement et personnellement par tout le service.

La zone obscure peut cacher des éléments susceptibles d'étendre tout autant la taille de la zone d'accord que celle de la zone de désaccord !

À faire

Pour réduire la taille de la zone obscure, deux stratégies complémentaires peuvent être mises en œuvre :

– approfondir les raisons de l'accord, c'est-à-dire chercher à comprendre pourquoi, comment, par quel cheminement deux protagonistes pourraient partager la même vision ou faire le même choix ;

– approfondir les raisons du désaccord, c'est-à-dire chercher à comprendre pourquoi, comment, par quel cheminement deux protagonistes peuvent avoir une vision antagoniste ou avoir fait des choix divergents.

Cette démarche d'investigation, qui vise à soulever le voile de la zone obscure, heurte ce qu'on considère habituellement comme « logique » ou « évident ». Mais c'est précisément au nom de l'évidence et/ou de la logique que les zones obscures existent et se développent, et vont parfois jusqu'à occulter complètement toute possibilité de communication.

S'aventurer dans la zone obscure, c'est prendre le risque d'être surpris, effrayé, d'avoir à remettre en cause des « vérités » bien établies.

Ce n'est pas pour obtenir un accord complet ni une situation idéale qu'on cherche à réduire le plus possible la zone obscure. Il s'agit simplement d'atteindre une situation claire, sans zone d'ombre, où les points d'accord et de désaccord sont clairement explicités, où chaque point de vue est pris en compte, sans que des mobiles ou des intentions obscurs alimentent la tendance au conflit.

Il s'agit donc d'entrer dans le « cadre », dans le mode de pensée de l'autre, pour mieux comprendre ce qui n'est pas dit. Pour cela, on peut mettre en œuvre un processus de communication dont les étapes sont :

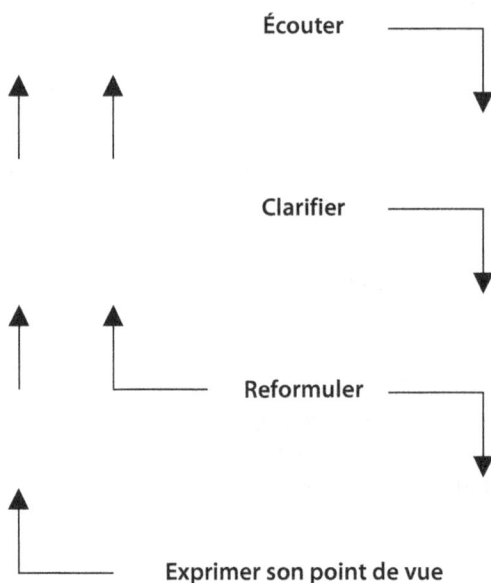

```
                              Écouter  ─────────┐
                                                │
     ↑     ↑                                     ▼


                              Clarifier  ───────┐
                                                │
    ↑     ↑                                      ▼
          └──────── Reformuler  ────────┐
                                        │
                                        ▼
    ↑
    └──────── Exprimer son point de vue
```

Comportements des protagonistes vis-à-vis de la zone obscure dans une situation pré-conflictuelle ou conflictuelle

L'échelle suivante permet au tenant de l'autorité de repérer dans les conduites des deux protagonistes les éléments favorisant les conflits.

Comment chacun parvient à entrer dans le cadre de l'autre

4	Recherche systématiquement la suppression de la zone obscure.
	Intègre le cadre de l'autre : pourquoi pense-t-il comme ceci ou cela ? Sur quels fondements repose sa réflexion ?
	Recherche le feed-back de son interlocuteur sur sa compréhension du cadre de l'échange.
	Peut restituer l'essentiel de l'information explorée, mais aussi les articulations, l'esprit, l'implication de l'autre.
	Peut restituer le cadre de l'autre avec fidélité, indépendamment de l'impact que cela a sur lui-même et ses propres choix de conduite de la transaction.
	Se déconnecte de l'ensemble des *a priori*.
3	Cherche à réduire la zone obscure.
	Reconnaît, utilise le cadre de l'autre à travers des éléments de sa pensée et de quelques enchaînements logiques.
	Peut restituer quelques positions de son interlocuteur, quelques éléments de l'entretien et l'impact que cela a sur lui-même, qui détermine ses propres choix dans la conduite de la transaction.
	Se déconnecte d'une partie des *a priori*.
2	Ignore la zone obscure.
	Reste dans son propre cadre : pas de prise en compte réelle de ce que pense l'autre. Ce que dit l'autre est traité sans distance.
	Ne peut restituer le cadre de l'autre ; reste centré sur son propre argumentaire, restitue ses propres choix et ses propres options. Peut repérer occasionnellement quelques réactions de l'autre, sans les expliciter.
	Ne remet pas en cause ses *a priori*.
1	Augmente spontanément la zone obscure.
	Suit et expose ses préjugés, ses interprétations, critique le cadre de l'autre. Ce qui survient dans la transaction sert à alimenter ses *a priori* de départ et les renforce.
	Prête des intentions et des réflexions à l'autre. Les réactions de celui-ci sont appréhendées selon son propre système.
	Ne restitue que sa propre vision des choses, ses explications de pourquoi et comment l'autre agit ou pense.

Faites le point : influence de la zone obscure sur les conflits

Quand au moins l'un des interlocuteurs se comporte au niveau 1, le conflit est patent ; il est quasiment impossible d'y échapper. Il convient dès lors d'appliquer les règles adaptées.

Quand les deux interlocuteurs se comportent au niveau 2, cela donne le même résultat avec les mêmes conséquences.

Quand au moins l'un des interlocuteurs se comporte au niveau 2, il faut que l'autre se comporte au niveau 4 pour pouvoir sortir du conflit ; mais le premier peut rester insensible aux invitations du second.

Quand les deux interlocuteurs se comportent au niveau 3, le conflit peut être rapidement écarté, ce qui sera le cas presque à coup sûr si l'un se comporte au niveau 4.

Quand deux interlocuteurs se comportent au niveau 4, il ne peut pas y avoir de conflit.

Agir sur la zone obscure

Le tenant de l'autorité peut être amené à exploiter cette approche dans deux positions distinctes :

• en présence des deux protagonistes, en position de médiation ou d'arbitrage ;

• seul avec un protagoniste emporté dans le mode conflit, en position de « recadrage ».

En position d'arbitrage ou de médiation

Cette posture du tenant peut créer pour les deux interlocuteurs une situation plus confortable que celle d'être livrés à eux-mêmes. Elle est souvent très efficace lorsque les comportements des deux protagonistes fluctuent entre des niveaux 2 et 3.

Elle est intenable, voire contre-productive, quand l'un des deux reste accroché à une conduite de niveau 1.

À faire

Faire changer les niveaux de comportements des protagonistes.

Empêcher les comportements de niveaux 1 et 2 et imposer des éléments de comportements de niveau 3.

Conduire le processus de communication pour explorer la zone obscure.

Faire valider ses découvertes par les protagonistes, en explicitant leur impact sur la résolution du différend.

En position de recadrage

Au cas où l'un des protagonistes ne parvient pas à résister à des comportements conflictuels en présence de l'autre, le tenant de l'autorité peut le rencontrer dans un entretien de recadrage[1].

L'objectif est de l'aider à retrouver un état d'apaisement suffisant pour pouvoir faire le tri dans sa propre zone obscure, puis pour commencer à cerner ce qui peut se trouver dans celle de l'autre.

En position de recadrage, l'autorité porte la problématique connue du protagoniste absent, et la fait avancer équitablement. L'absence d'enjeu immédiat et d'interaction physique lui donne une plus grande liberté d'action. Le tenant de l'autorité propose à son interlocuteur d'examiner les situations dans une sorte de dialogue entre l'expression de ses propres besoins et la reconnaissance des besoins de l'autre.

Le recadrage peut être une étape préliminaire nécessaire à la réussite d'un entretien arbitré.

---

1. Néanmoins, un recadrage appuyé sur l'exploration de la « zone obscure » n'est possible que face à une personne dont le comportement se situe au minimum au niveau 2 de l'échelle.

La restitution

Mais au fond, pourquoi telle personne parvient-elle à sortir des différends par le haut, à éviter les conflits même dans les situations les plus difficiles, alors que telle autre s'y jettera à la moindre occasion ?

Double peine

Quand un bambin de vingt mois en mord un autre à la crèche, c'est bien souvent que lui-même a été mordu précédemment. Il a subi une douleur violente, insupportable ; pour s'en débarrasser il la rend à un autre. Autrement dit, il restitue à l'environnement les agressions reçues.

Si un adulte, ignorant l'agression initiale, punit l'enfant à la mesure de la violence observée, celui-ci est doublement frappé. Pour lui, le compte n'y est pas, et il doit donc encore restituer cette nouvelle violence d'autant plus injuste qu'il avait apuré la dette.

Chez les tout-petits, la comptabilité est assez finement tenue. La réponse est de même nature que l'agression (morsure pour morsure), et a lieu dans un délai rapproché. Ce phénomène se modifie en général avec l'apparition du langage ; la parole prend alors le pas sur le passage à l'acte. L'enfant peut verbaliser sa souffrance, sa colère... Cette mise à distance lui permet aussi de différer la réponse de quelques heures.

Mais si personne ne l'écoute ou ne veut le croire, l'enfant se retrouve à nouveau avec son contentieux. Dès lors, sa réponse se traduit, de façon différée, sous une autre forme d'agression envers un autre tiers, réel ou virtuel, qu'il peut atteindre. Comme sa conduite est incompréhensible, il est puni d'autant plus sévèrement que son comportement paraît injustifiable... et ainsi de suite.

Petit ou moins petit, il reste meurti de l'intérieur par cette violence qui s'accumule toujours en sa défaveur.

© Groupe Eyrolles

Sac à douleurs

Il en est ainsi de certains adultes qui, lorsqu'ils subissent des agressions, ne parviennent pas à les tempérer par un dialogue, interne ou externe, qui leur permettrait de reconstruire leur intégrité. Les personnes qui fonctionnent habituellement aux niveaux 1 et 2 de l'échelle précédente sont dans ce cas. Le cumul historique des agressions subies remplit leur sac à douleurs, qui déborde de maux toujours en défaut de restitution. Elles se sentent perpétuellement menacées quelles que soient les intentions réelles de leurs interlocuteurs.

Quand deux individus de ce profil se rencontrent, il y a fort à parier que le bombardement réciproque va commencer, et cela bien que chacun soit parfaitement innocent du fardeau de l'autre.

Pendant ce temps-là en 42C

Au travail, à la maison, dans la rue ou dans son club de gym, Agnès est toujours une victime : en tout cas, c'est ainsi qu'elle présente sa vie à ses amies les plus proches. Et cette histoire de pièce 42C est la goutte d'eau qui fait déborder le vase. Pourquoi supporterait-elle qu'on la relègue au placard alors qu'elle a fait sa route elle-même, trimé pendant des années pour obtenir un poste intéressant, et que ni son milieu ni ses proches ne l'ont jamais soutenue ? C'est décidé, elle ne se laissera pas faire.

Face à de tels comportements, le rôle de l'autorité est d'inciter chacun à ne pas « vider son sac » sur l'autre, à empêcher le déclenchement des hostilités.

Si l'autorité y parvient, chacun peut conserver pour soi le contenu de sa hotte et en réserver la distribution pour d'autres occasions. Son action est déterminante dans cette alternative. Tout d'abord en veillant pour sa part à ne pas surcharger injustement le fardeau, en permettant que les pavés qui volent puissent s'égarer sans faire de dégâts ni entrer dans une autre comptabilité, tout en conservant un brin de compassion à l'égard des « écorchés ».

L'autorité peut également aider les personnes qui se conduisent au niveau 3 à passer au niveau supérieur, en effaçant tout simplement les morsures verbales de leurs interlocuteurs. Il s'agit d'adopter des conduites de neutralité, sinon de bienveillance, à leur égard.

Chapitre 6

Réduire le conflit
par la maîtrise du dialogue

Face à une situation susceptible de devenir conflictuelle, le tenant de l'autorité dispose d'un choix stratégique :

- maintenir la meilleure qualité de relation possible, rester dans une position de confrontation et éviter de basculer dans un conflit ;
- laisser la qualité de la communication se dégrader et la confrontation basculer dans un conflit.

Il est à noter que certains tenants « autoritaires[1] » n'entendent même pas qu'il puisse exister un autre choix. Pour eux, le conflit est un mode d'expression automatisé qui leur permet de s'affirmer vis-à-vis des autres.

Considérer qu'il existe un choix stratégique implique de disposer de la lucidité et du recul nécessaires pour ne pas se laisser emporter, de contrôler ses émotions, etc.

L'outil présenté ci-dessous suppose que la personne désirant s'en servir :

- souhaite maintenir une bonne qualité de relation ;
- ne se laisse pas déborder par les émotions ;

---

1. L'autoritarisme est un besoin irréductible d'user de l'autorité pour elle-même. Le tenant autoritaire met de l'autorité dans tout et partout. Il exerce de la répression à n'importe quel propos. L'autoritarisme est de nature conflictuelle. Cf. *Développer son autorité, op. cit.*

- soit décidée à empêcher que toute confrontation dérape vers le conflit.

Ces conditions étant remplies, l'outil présenté est probablement un des moyens les plus simples et les plus efficaces pour qu'une situation susceptible de devenir conflictuelle reste une situation de confrontation sous contrôle.

L'appartenance du problème[1]

Vouloir améliorer la communication dans une relation susceptible de devenir conflictuelle implique d'abord d'identifier « à qui appartient le problème ».

Le terme de « problème » désigne ici l'état émotionnel de la personne et non l'objet du contentieux ; il s'agit de ce qui touche à la forme de la communication et non au fond du débat.

Qui a le problème ?

Une règle simple : le problème émotionnel et relationnel appartient à celui qui n'accepte pas le comportement de l'autre.

Acceptation ou non acceptation du comportement de l'autre

Une situation de désaccord peut être vécue par une personne comme une confrontation banale et par une autre comme une attaque violente et difficile à surmonter.

Il y a « acceptation » du comportement de l'autre lorsqu'on ne se sent pas affecté par ce qu'il dit ou fait. Il y a « non-acceptation » lorsqu'on se sent affecté par son comportement.

---

1. Ce chapitre est développé à partir des théories de Thomas Gordon.

L'acceptation ou le rejet du comportement de l'autre est individuelle et circonstancielle. Ils dépendent de trois facteurs :

- L'environnement : l'acceptation ou le refus d'un comportement varie selon l'environnement dans lequel il se manifeste. Le même trait d'humour pourra être vécu comme sympathique lors d'une soirée amicale et tout à fait inacceptable devant des collègues, au bureau.

- L'état de la personne : en fonction de l'état de fatigue, de l'humeur, le degré de tolérance d'une même personne peut varier très sensiblement. L'humour habituel et récurrent d'untel devient insupportable un jour de fatigue, de stress et d'ennuis accumulés.

- Les caractéristiques de l'interlocuteur : l'acceptation ou non du même comportement varie en fonction du degré d'intimité, de connaissance, de confiance qu'on entretient avec l'autre. La même moquerie, qui faire sourire quand elle vient d'un proche, déclenche une très vive irritation venant d'un inconnu ou d'une personne pour laquelle on ressent de l'antipathie.

Des signes d'émotion détectables

L'acceptation du comportement de l'autre peut se détecter précisément au fait... qu'il n'y a rien à détecter : la personne ne manifeste aucun signe d'inconfort ou de désapprobation.

La non-acceptation du comportement de l'autre se détecte, la plupart du temps, par des signes assez universels : modification du ton de la voix, du rythme, de la posture, des mouvements, etc.

Chacun pourra constater qu'il est aisé de remarquer lorsqu'une personne, même inconnue, est en colère.

Ceci vaut pour les quatre émotions de base, dont les mélanges individuels forment la palette infinie des émotions : la joie, la tristesse, la colère et la peur. Chacune de ces émotions a sa propre signalétique. Au sein d'une même culture, toute personne peut détecter chez un inconnu la présence de l'une de ces émotions si elle est assez forte.

La non-acceptation du comportement de l'autre ne provoque pas la joie. Restent donc la tristesse, la colère et la peur, dans des proportions propres à chacun.

De l'émotion négative au conflit

Dans la confrontation, les émotions sont assumées et gérées. Les protagonistes ne partagent pas les mêmes opinions, analyses et conclusions, mais cela n'affecte pas leur état émotionnel.

Dès lors qu'une émotion « négative » (colère, peur, tristesse) prend le dessus, que l'état émotionnel de l'un des protagonistes est affecté, il est probable que la confrontation devienne insupportable pour lui et dérape vers un conflit : une situation où la forme de la communication est dégradée.

Quand une personne n'accepte pas le comportement de l'autre, elle peut ressentir :

• de la peur : elle cherche une option, elle veut sortir du piège. Elle manifeste des signes d'agitation, parle plus vite que d'habitude, semble partir dans tous les sens, etc. ;
• de la colère : elle manifeste de l'agacement, elle devient tendue, le ton se fait cassant, agressif. Elle change de couleur, bouillonne, voire bascule dans la fureur…
• de la tristesse : elle s'enferme, semble abattue et ne plus s'intéresser à la situation. Elle se tait, ne manifeste plus rien…

Bien entendu, ces sentiments se manifesteront pour chaque personne suivant un dosage particulier, en fonction de l'environnement, de son propre état et de l'interlocuteur.

En situation de conflit, chacun est susceptible de passer d'une émotion négative à une autre à un rythme qui lui est propre. Face à tel interlocuteur et dans telles circonstances, une personne sombrera dans la tristesse et un état apparent d'inhibition, alors que cette même personne confrontée aux mêmes événements, dans un autre contexte et face à un autre interlocuteur, montera instantanément et durablement dans la colère…

Une assistante maltraitée par son patron irascible sombre, par instinct de survie, dans une apathie apparente lorsqu'il est injuste avec elle ; en revanche, elle se met dans une colère terrible face à la moindre injustice venant de son compagnon de vie…

Choix des techniques de communication

Le problème appartient à l'autre si nous nous sentons « bien » alors que l'interlocuteur manifeste des signes d'inconfort : son ton devient cassant ou agressif, il a l'air fâché, triste, agacé, montre des attitudes de nervosité, se crispe, critique, donne des signes d'incompréhension, de malaise, de reproche, d'ennui.

À l'inverse, le problème nous appartient dès lors que nous ressentons clairement l'une des émotions négatives décrites précédemment, quand nous nous sentons mal à l'aise, frustrés, bouleversés… bref, chaque fois que le comportement de l'autre éveille une réaction de refus ou de rejet.

Il se peut, enfin, que le problème appartienne aux deux interlocuteurs.

En fonction de la réponse à la question « À qui appartient le problème ? », on utilisera différentes attitudes et techniques de communication pour maintenir la meilleure qualité relationnelle possible et ne pas laisser une confrontation dévier vers le conflit.

- Si le problème appartient à l'autre, la technique à utiliser est l'écoute.
- Si le problème appartient à soi, la technique à utiliser est l'expression.
- Si le problème appartient aux deux protagonistes, la technique à utiliser est une alternance entre l'écoute et l'expression, dans un processus de résolution de problème.

Technique d'écoute

Elle s'applique plus spécialement quand le problème appartient à l'autre. Pour nous, la situation ne pose pas de difficulté particulière, mais l'interlocuteur manifeste une non-acceptation.

Inviter l'autre à s'exprimer

Pratiquer l'écoute va donc servir à chercher à comprendre la nature et l'intensité de ce refus, dans le but de conserver une relation saine avec l'autre – ce qui ne signifie en aucun cas tout accepter ni revenir sur des positions de fond.

Pratiquer l'écoute, c'est prendre en compte ce que vit l'interlocuteur dans la situation présente et laisser temporairement de côté le fond du différend afin de préserver une forme de communication qui reste efficace.

Logiquement, cette position n'est pas difficile à prendre, puisque le problème est chez l'autre et que nous ne sommes pas nous-mêmes stressés ou en proie à une émotion désagréable ou négative.

Il s'agit de laisser l'autre exprimer (voire de l'inviter à le faire) en quoi notre comportement dans la situation lui est inacceptable.

Dialogue

Marc et Paul partagent un bureau ; Marc trouve que Paul s'y montre trop bruyant, et décide de s'en ouvrir à celui-ci sur le mode de la confrontation. Il explique d'abord pourquoi il veut faire cette mise au point, et commence à détailler certaines circonstances dans lesquelles Paul pourrait faire moins de bruit.

MARC : Par exemple, quand tu téléphones, tu parles souvent extrêmement fort…

PAUL (*brusquement*) : Non, mais ! Ça va ! Tu t'es entendu toi, au téléphone ?

(Marc garde le silence)

PAUL : C'est vrai quoi, à la fin ! Mais pour qui te prends-tu ?

MARC : Nous parlions calmement… Que se passe-t-il ?

PAUL (*manifestement furieux*) : Ce qui se passe ? Mais mon vieux, c'est simple : ça fait cinq minutes que tu me critiques, comme si moi, je n'avais pas aussi plein de choses à te reprocher ! Tu n'as pas le monopole !

MARC : Bien sûr… Mais pourquoi te mets-tu tout à coup en colère ?

PAUL : Parce que, si ça continue, tu vas bientôt me reprocher d'être là, tout simplement !

MARC : Telle n'est pas mon intention… Mais alors, comment aborder le sujet de notre cohabitation ?

PAUL (*se calmant un peu*) : Déjà en arrêtant de me faire des reproches que je pourrais tout aussi bien te faire à toi !

MARC : Bon… Pourquoi pas… Si je comprends bien, tu te sens attaqué…

PAUL : Un peu oui ! Ça n'arrête pas : tu fais ceci, tu fais cela… Il y a de quoi se sentir attaqué, non ?

MARC : Alors, je me suis mal exprimé. Il ne s'agit pas de critiques à ton égard, mais de problèmes de règles de cohabitation entre nous…

PAUL, calmement : D'accord, alors arrête de parler des choses que je fais moi ! Exprime les problèmes sans me mettre tout sur le dos…

MARC : Si je te dis ce qui ne ME va pas, ce qui me dérange dans le travail, ça serait mieux ?

Paul : C'est vrai, ça serait mieux !

Il peut être utile de détailler les trois grandes techniques d'écoute qui, assemblées, manifestent nettement la volonté de donner à l'autre la possibilité de s'exprimer :

1. Le silence : pour écouter, il faut d'abord se taire…

2. Les accusés de réception non verbaux : attitudes et mimiques, postures, regards qui manifestent l'attention portée à l'autre lorsqu'il s'exprime.

3. Questions, invitations à poursuivre, reformulations qui relancent le dialogue, cherchent à expliciter et/ou à approfondir ce que l'autre veut dire.

La capacité à s'interrompre dans une confrontation, à prendre du recul pour garder une communication vivante et efficace, dépend de la capacité à pouvoir tout entendre.

Pouvoir tout entendre

Cela ne veut pas dire être d'accord avec tout ce qui est dit.

Accepter d'entendre les propos de l'autre, quels qu'ils soient, permet :
- d'identifier les préoccupations de l'interlocuteur, la nature de son problème ;
- de répondre après une prise d'information exhaustive ;
- d'acquérir plus de pertinence dans l'analyse des événements et d'appliquer des stratégies, des tactiques plus adaptées ;
- d'affronter le problème rapidement, de ne pas l'éviter, de le traiter ;
- de réviser éventuellement son propre jugement ;
- de s'ouvrir des champs de possible ;
- d'accepter l'autre tel qu'il est ;
- de différer la réponse à un événement.

À faire

Accepter le jugement, les interprétations de l'interlocuteur.

Ne pas être affectivement impliqué quoi que puisse dire l'autre.

Ne pas justifier, de ne pas batailler sur le moment.

Rester calme et entendre tout le contenu énoncé.

Technique d'expression

Elle s'applique plus particulièrement quand le problème nous appartient, lorsque nous ressentons des émotions négatives, désagréables et que le comportement de l'autre est vécu comme inacceptable.

S'exprimer à la première personne

L'expression va permettre de communiquer à l'autre ce qui rend difficile ou très difficile la situation présente, dans le but de revenir à un meilleur confort.

La plus grande difficulté dans l'expression en situation à problème est d'éviter scrupuleusement toute attaque, critique, énoncé de jugement.

La seule possibilité offerte consiste donc à s'exprimer à la première personne du singulier. Ainsi, on indique à l'autre quel comportement ou opinion cause un problème en en faisant une description neutre, sans trace de blâme. On l'informe aussi des effets que ce comportement a sur soi et du sentiment qu'il crée.

Phrases types

Comportement : « Je vois que tu arrives avec 30 minutes de retard… »

Sentiment : « Je suis fâché… »

Effet concret : «… parce que j'ai perdu du temps. »

Celui qui émet un message à la première personne assume son problème d'intolérance face au comportement de l'autre.

Ce faisant, il protège l'estime de l'autre. De plus, comme il décrit précisément le comportement qu'il veut voir modifier, il donne à l'interlocuteur le moyen concret de lui faciliter l'existence. Enfin, en expliquant les conséquences du comportement, il ajoute un autre élément susceptible d'amener l'autre à changer.

Un modèle d'expression : le modèle « DESC »

Gordon Bower, psychologue américain, propose une méthode de résolution des conflits fondée sur quatre points :

- D comme Décrire : décrire la situation, le comportement qui pose problème, en des termes aussi précis et objectifs que possible.

- E comme Exprimer : faire part des émotions, préoccupations, désaccords ou critiques que cette situation ou ce comportement fait naître. Évoquer les conséquences négatives pour soi.
- S comme Suggérer : proposer une modification réaliste de cette situation ou de ce comportement, propre à faire cesser le désagrément.
- C comme Conséquences : intéresser l'interlocuteur à l'élaboration d'une solution en indiquant les conséquences possibles d'un accord.

Sans qu'il soit toujours possible ni opportun d'utiliser le modèle dans son intégralité, celui-ci a pour intérêt d'associer un énoncé des faits et des ressentis à l'ouverture vers une solution négociée.

Énoncé du problème : aller aux faits

Le premier écueil à éviter est une entrée en matière confuse. Les premiers mots, les premiers gestes, les premières intonations comptent beaucoup. Ce sont ces premières impressions exercées sur l'interlocuteur qui vont donner le ton général du dialogue.

Souvent, anxieux de l'impact négatif que risque d'avoir le message sur l'interlocuteur, on cherche à relativiser : « Je voulais vous rappeler ce petit problème… », « On s'en est pas mal sorti jusqu'ici… »

L'interlocuteur trouve le louvoiement suspect et se met sur la défensive. Il réduit sa disponibilité émotionnelle et mentale, deux facteurs indispensables pour envisager sereinement un éventuel changement.

Énoncé de son propre sentiment

Cette étape est essentielle pour permettre à l'interlocuteur de délimiter clairement le cadre à partir duquel il doit mobiliser ses réponses. Elle consiste à indiquer précisément les frontières de sa personnalité ou de ses responsabilités sans susciter l'hostilité de l'interlocuteur.

Souvent, on est tenté de remplacer l'expression de soi par des effets de culpabilisation : « Vous ne pouvez pas me demander une chose pareille… » ou d'intimidation : « Vous savez que ce genre de pratiques est interdit ? » Ces démarches visent à renforcer la pression pour imposer le changement souhaité.

L'énoncé de son propre sentiment est bien différent de ces pratiques persuasives, dont l'intérêt et l'efficacité fluctuent en fonction de l'interlocuteur, du rapport de force et de l'enjeu.

Recherche d'une solution acceptable

Le but de cette étape est de redonner une tournure constructive à l'échange et de s'engager sur la voie de la négociation.

On fait avancer le dialogue en prenant l'initiative de proposer une solution : « Ce que je vous propose alors, c'est de... »

À éviter

Se laisser aller à un comportement de surenchère, notamment à l'agressivité.

Quand ça ne marche pas, ou comment arrêter le dérapage vers le conflit

Quand la confrontation tourne au conflit, quand la forme se dégrade trop et trop vite, il devient peu probable que l'usage d'un modèle « DESC » soit opportun.

L'effet « disque rayé »

Le moyen le plus sûr d'arrêter une escalade consiste alors à s'en tenir à une version très synthétique du « message Je », centrée sur la non-acceptation du comportement ou de la situation.

Il faut dès lors utiliser des phrases courtes, exclusivement déclinées à la première personne du singulier.

Exprimer son refus

« Je ne suis pas à l'aise quand on se met à crier », « Je ne peux pas laisser dire que... sans en être affecté », « Je me sens en danger quand... », « Je n'aime pas quand tu me parles sur ce ton », etc.

On exprime ainsi l'émotion vécue, la non-acceptation d'un fait ou d'un comportement ponctuel. Il ne peut en aucun cas s'agir d'une remise en cause générale, ni de l'autre, ni de la situation qui est en train de se vivre. Il s'agit seulement de marquer la ferme volonté de ne plus subir une manifestation ponctuelle inacceptable.

Une seule petite phrase n'aura pas pour autant le pouvoir magique de tout arrêter, de faire revenir l'autre dans des dispositions plus favorables. L'objectif poursuivi n'est autre que d'éviter un dérapage plus marqué de la forme.

Pour obtenir la modification de comportement espérée, il faut souvent répéter la même chose, en variant le ton (toujours avec fermeté et gentillesse) et les mots sans changer le sens de ce qui est dit.

L'objectif de cette « technique du disque rayé », est de se faire entendre de l'autre ; elle doit cesser dès que l'autre accuse réception du message (changement d'attitude et/ou de ton, pause dans la confrontation, passage en position d'écoute, etc.).

Attention ! Accuser réception du message ne signifie pas nécessairement satisfaire à la demande, modifier le comportement qui n'est pas accepté. Dans certains cas, la technique du disque rayé provoquera chez l'autre l'inverse de l'effet escompté (augmentation de la violence verbale, par exemple). Dans ce cas, on ne peut que constater et regretter que le dérapage vers le conflit soit consommé.

Mais, finalement, pour sortir d'un conflit et revenir à une position de confrontation, la technique ne sera pas si différente puisqu'elle cherchera à améliorer d'abord la forme en se détachant temporairement du fond du différend.

Régulation des débats par l'autorité

L'autorité peut être amenée à exploiter ces techniques de communication dans deux positions distinctes :

• en présence des deux protagonistes, en position de médiation ou d'arbitrage ;

• seul avec un protagoniste emporté dans le mode conflit et qui doit être « recadré ».

En position d'arbitrage ou de médiation

Dans cette configuration, le rôle de l'autorité est de discipliner les débats en reprenant les interlocuteurs sur les formes inadéquates de leurs interventions.

À faire

Empêcher qu'ils parlent en même temps et faire en sorte que chacun puisse terminer tranquillement toutes ses phrases sans être interrompu.

Inviter l'un et l'autre à reformuler en parlant de soi et non en émettant des jugements sur l'autre.

Faire respecter l'alternance entre écoute et expression.

Faire utiliser les silences, les accusés de réception, les questions.

Demander régulièrement à chacun s'il peut comprendre ce que l'autre éprouve, indépendamment de ses propres préoccupations.

Inviter à entendre.

Faire appliquer le modèle « DESC ».

Faire revenir au message à la première personne.

Etc.

Le tenant de l'autorité doit nécessairement respecter les mêmes règles : il est calme, il peut tout entendre, il n'interrompt pas, il ne porte pas de jugement, il ne parle pas à la place des protagonistes, il dit « je » quand il parle de ce qu'il voit, entend, ou souhaite, ou veut en tant que tenant.

> **Pendant ce temps-là en 42C**
>
> Charles peut donc prononcer des phrases telles que :
>
> « Si vous le permettez Bernadette, j'aimerais entendre ce que voulait dire Agnès jusqu'au bout »,
>
> « Agnès, pour que Bernadette puisse comprendre votre point de vue, il serait préférable que vous nous disiez quel effet cet événement vous a fait, plutôt que de nous parler de ses intentions »,
>
> etc.

La présence et la posture du tenant de l'autorité lui permettent également de réparer des phases d'un débat qui auraient dégénéré. Il peut faire reculer les protagonistes et revenir à des étapes précédentes plus saines pour repartir sur des formes adéquates. C'est d'ailleurs une nécessité, car s'il laisse déraper l'échange vers des modes d'expression dégradés, il les cautionne et sa présence amplifie alors les tensions.

En position de recadrage

L'autorité se met à la place d'un protagoniste, et invite l'autre à s'exprimer, tout en le guidant le plus possible vers le modèle « DESC ». Ce qui est découvert par ce procédé peut être une révélation partielle pour le protagoniste lui-même.

> **Pendant ce temps-là en 42C**
>
> Charles peut porter les positions divergentes sans prendre parti en formulant des phrases telles que :
>
> « Bernadette, voici ce que j'ai compris des préoccupations d'Agnès : … »
>
> « Je comprends que cela vous paraisse dérisoire ou injuste, mais c'est bien ce qu'elle éprouve et c'est cela qui la guide, si ce besoin n'est pas reconnu, je doute qu'elle vous concède quoi que ce soit. Que comptez-vous lui proposer ? »
>
> « Vous souhaitez à toute force que…, je le comprends, mais pensez-vous vraiment que ce soit possible, et comment ? »

Chapitre 7

Maîtrise du conflit dans divers domaines

Si les techniques proposées sont valables dans tous les domaines où s'exerce une autorité, on peut toutefois pousser davantage l'analyse en prenant en compte les spécificités de plusieurs systèmes : l'entreprise, l'école, le groupe familial, voire la vie politique.

Manager les conflits dans l'entreprise

L'entreprise est un système complexe, hiérarchisé, où les enjeux économiques et sociaux sont forts, et où l'individu a peu d'importance. On y passe beaucoup de temps, on n'y choisit pas ses conditions de vie ni ses interlocuteurs ; on doit côtoyer ou subir ceux-ci sur de longues périodes. Tous les paramètres sont donc réunis pour aiguiser les tensions et attiser les conflits.

L'apparition des conflits n'y est donc pas une anomalie, mais le résultat marginal d'une agitation ordinaire.

Le rôle du manager est de faire fonctionner au mieux son équipe pour atteindre les performances attendues. Maîtriser les conflits fait donc partie de ses missions naturelles[1].

---

1. Les particularités de l'exercice de l'autorité dans les systèmes hiérarchiques, et plus spécialement dans l'entreprise, sont détaillées dans *Développer son autorité*, *op. cit.*

© Groupe Eyrolles

Facteurs propres à la structure de l'entreprise et à son activité

Facteurs provenant du système : la pile hiérarchique

Le manager et son équipe ne fonctionnent pas en vase clos. Une particularité de l'entreprise est l'empilement des niveaux de structures et de pouvoir. En conséquence, le manager n'a qu'une puissance très relative.

Toute la pile hiérarchique interfère dans les événements qui surviennent au niveau d'une unité et dans les décisions qui y sont prises.

Pendant ce temps-là en 42C

Bernadette, Agnès et Charles ne maîtrisent pas tous les éléments du problème. C'est la direction qui refuse de créer des moyens supplémentaires et veut réduire les espaces ; c'est la DRH qui décide de recruter une stagiaire ; ce sera le supérieur hiérarchique de Charles qui décidera finalement entre Agnès et Bernadette. Autrement dit, ce sont toutes ces autres autorités qui déclenchent et contrôlent les éléments clés du problème comme de la solution.

La structure de l'entreprise a donc des influences déterminantes à tous les stades du conflit.

Il arrive fréquemment que chacune des autorités impose sa part de contrainte sans se préoccuper de ce que font les autres, ce qui peut provoquer des contradictions presque ingérables à la base.

Cet effet est encore accentué par la distance de ces autorités : inaccessibles, insensibles aux requêtes du manager comme des protagonistes, elles suivent leurs propres processus sans que leurs injonctions puissent être infléchies. Ceci réduit considérablement les marges de manœuvre du manager pour maîtriser les conflits, et renforce le sentiment d'impuissance et d'insécurité des protagonistes.

Facteurs provenant de l'activité :
les contraintes professionnelles

Pendant ce temps-là en 42C

Quels que soient les ressentis des uns et des autres, les données techniques et professionnelles du problème s'imposent aux protagonistes comme aux décideurs :
- la stagiaire a besoin d'être entourée ;
- la troisième secrétaire doit rester dans le bureau vu la nature de ses activités ;
- du point de vue du fonctionnement de l'entreprise, le lieu de travail d'Agnès et de Bernadette est indifférent ;
- créer un espace de travail supplémentaire aurait un coût financier sans valeur ajoutée.

Tous ces éléments sont spécifiques à l'activité du service. Ailleurs, pour un problème similaire, ils auraient pu être totalement différents. Ils créent pour les protagonistes des contraintes fortes qui les poussent au conflit :
- la mise en concurrence des personnes ;
- des menaces sur des éléments de confort matériel ;
- un manque de prise sur la décision pour les protagonistes.

En l'absence de raison professionnelle suffisante pour résister au changement, il n'y a pas d'autre issue que de plier ou, éventuellement, de quitter son emploi.

Ces contraintes s'accumulent et ne sont pas plus maîtrisables que les facteurs liés à la structure de l'entreprise.

Synthèse des facteurs d'engagement dans le conflit
du point de vue du manager

En somme, l'influence du manager est très faible sur les facteurs personnels, les facteurs provenant du système et les facteurs propres à l'activité. Il peut en outre rarement agir sur l'objet du différend.

Sa tâche est donc d'influer, même indirectement, sur les conduites des protagonistes, en agissant d'abord sur son propre mode de management.

À faire

Pour gérer les situations difficiles, le manager de proximité doit donc appliquer systématiquement la démarche suivante :

– solliciter avec ténacité les instances supérieures pour les amener à se mettre d'accord, les pousser à prendre des décisions et à communiquer rapidement ;

– expliquer clairement aux protagonistes les différents éléments du problème et mettre en évidence ce qui appartient à chaque source : la structure de l'entreprise, les changements, les positions de chacun ;

– mettre à plat les contraintes et montrer qu'il est impossible d'y échapper, qu'il ne reste que deux options, s'y résoudre ou partir, et que l'agitation est inutile ;

– en contrepartie, dans des entretiens bien cadrés, permettre aux protagonistes d'exprimer largement leur désarroi ou leurs inquiétudes, et les reconnaître comme légitimes ;

– chercher avec les protagonistes les modalités d'application permettant à la fois de satisfaire les exigences du changement et leurs besoins personnels.

À partir de cette démarche de fond, le manager se constitue un support solide qui lui permettra d'utiliser au mieux l'ensemble des méthodes et techniques décrites précédemment.

Gérer les conflits professionnels

Le poids de la hiérarchie

Un manager de proximité ne peut efficacement résoudre seul les conflits qui apparaissent dans son unité. Il est souvent en difficulté dans cet exercice, parce qu'il est amené à éponger les tensions provoquées par sa hiérarchie. En somme, la hiérarchie intermédiaire tend à se débarrasser de la gestion des problèmes et des conflits sur les managers de proximité.

Pendant ce temps-là en 42C

Denis, le supérieur hiérarchique de Charles, a tout bonnement refusé d'entendre les appels à l'aide de celui-ci ; sa phrase préférée est « Je vous fais confiance pour vous en occuper ». Mais, après des semaines de conflit, excédées de n'obtenir aucune réponse, Agnès et Bernadette ont pris ensemble une décision : elles ont fait appel à l'Inspection du travail, qui a jugé la pièce 42C inapte à devenir un bureau. Denis n'a plus qu'à consacrer un budget à son aménagement, ou à renoncer à l'embauche d'une stagiaire. Il le reproche à Charles, qui en retour lui rappelle les sollicitations restées sans réponse, et le temps qu'il a fallu à Denis pour réagir.

Or, dans une organisation efficace, le rôle de la hiérarchie intermédiaire est précisément de faciliter le management subalterne, et de l'aider à résoudre tous les problèmes qu'il rencontre.

Dans l'entreprise, de très nombreux conflits en tous genres apparaissent, durent et créent des dégâts parce que le management intermédiaire a laissé s'envenimer des situations délétères faute de traitements appropriés.

D'une certaine façon, le management intermédiaire a bien conscience de son implication dans ces conflits, puisqu'il tente souvent de les minorer, sinon de les cacher, en reprochant à ses subalternes de n'avoir pas su les empêcher.

Il craint donc d'être mis en cause dans la qualité de son management. Sa crainte est parfaitement fondée : le management intermédiaire est entièrement responsable des conflits qui surviennent dans son espace, surtout au niveau inférieur. Oui, c'est bien une question de pertinence et de compétence dans le management !

Rôle du management intermédiaire : prévention et résolution

À faire

La prévention et la maîtrise des conflits dépendent du management intermédiaire ; il doit :

- rencontrer régulièrement les managers de proximité de son équipe pour faire l'état des situations difficiles ou problématiques ;
- comprendre et reconnaître la réalité des enjeux, difficultés et ressentis pour les protagonistes ;
- organiser pour les managers de proximité la mise en cohérence des diverses sources d'intervention du système dans la problématique (direction, DRH, autres autorités) ;
- annoncer les enjeux le plus tôt possible, fournir une information complète sur les données, et traiter les problèmes rapidement ;
- prendre ses responsabilités en arrêtant des décisions rapides et définitives, et en les assumant vis-à-vis de tous ;
- porter lui-même ses décisions auprès des protagonistes, en les expliquant et en affirmant la cohésion entre lui et le manager de proximité ;
- contribuer de façon active à la recherche des solutions pratiques, et appuyer la mise en place des négociations ;
- suivre la mise en œuvre, avec son collaborateur, des décisions, et recevoir ultérieurement les protagonistes pour un bilan.

Les conflits sociaux

Dans l'entreprise, il existe deux sortes de conflits : les conflits professionnels ou personnels, que nous avons largement évoqués, et les conflits sociaux, qui touchent les différentes catégories de salariés de l'entreprise. Nous n'analyserons pas ces derniers ici ; mais les différentes grilles et échelles de niveaux proposées sont pertinentes pour représenter et piloter ces types de conflits.

Le lecteur intéressé pourra faire les transpositions nécessaires. Nous l'invitons cependant à retenir tout particulièrement les deux échelles de niveaux de pratique du chapitre 1, ainsi que les éléments développés sous le titre « Tarir les conflits à la source », et à tenter de les mettre en pratique, à son profit ou à celui de son entreprise.

Les conflits familiaux

La famille est un univers extrêmement propice aux conflits. Elle réunit les enjeux les plus forts : l'argent, le sexe, l'amour, les relations de dépendance, l'espace vital, la promiscuité, les moyens de la survie, l'éducation et le savoir, les loisirs, le patrimoine, le mode de vie, la morale, les valeurs, etc.

Pour tout compliquer, c'est un système qui évolue au fur et à mesure de l'apparition et de la disparition de ses membres. Les individus qui le composent changent et se développent de façon séparée, divergente ou convergente. Les ressources et les besoins se transforment, les rapports de force et de position également.

C'est un système à la fois affectif, organique et matériel, où tous les enjeux se mêlent et interagissent. Plus encore que l'entreprise, la famille occupe une part essentielle de la durée de vie. Les conflits peuvent, plus que nulle part ailleurs, y gâcher l'existence. La maîtrise des différends y est donc plus importante que dans tous les autres systèmes.

Des compétences parentales

Des chamailleries entre enfants aux « coups de gueule » des parents, des brouilles aux querelles d'héritage, les conflits sont nombreux. On pourrait s'attendre à ce qu'ils soient traités de préférence sur le mode du partage, et accessoirement de la négociation ; mais chacun sait que ce n'est pas si simple.

C'est assez logique : le besoin ne crée pas la compétence, et il faut beaucoup de compétence pour se mobiliser au service des autres. L'altruisme ne se décrète pas, et la maîtrise des conflits n'est pas une

fonction biologique, ni une capacité dont on hériterait automatiquement en devenant parents.

En tant qu'autorité, les parents peuvent mettre à profit le contenu de
cet ouvrage.

Les auteurs n'ont pas la prétention d'être des parents plus efficaces
que les autres. Nous avons tous nos « galères », grandes ou petites.
Mais parmi les ressources proposées, il existe des leviers assez puis-
sants pour grappiller quelques grains d'apaisement, des filons de
communication, voire des instants de grâce inestimables.

À faire

Refuser les conflits : l'enfant qui hurle et se dispute avec son aîné,
l'adolescent qui « râle » en permanence, le conjoint qui entame
une litanie de reproches… fonctionnent au niveau 2 des échelles de niveaux de pratique ; il faut s'y opposer.

Mettre en lumière les niveaux d'autorité et les zones obscures :
s'assumer en tant qu'autorité vis-à-vis de ses enfants, en tant
qu'égal de sa fratrie ou de son conjoint.

Aider les autres membres de la famille à exprimer leurs ressentis
tout en faisant entendre le sien.

Chercher toujours une solution plus élevée : là où règne la
confrontation, apprendre à passer à la négociation, puis au partage[1].

Transmission et attachement

Les enfants reproduisent les modes de résolution des différends qu'ils
observent ou qu'ils subissent. La famille est de ce point de vue,
comme pour bien d'autres apprentissages, le creuset de leurs futures
compétences.

Mais l'effet de cette expérience va beaucoup plus loin qu'il y paraît.

---

1. Le lecteur trouvera dans *Développer son autorité* (*op. cit.*) une batterie d'échelles de
niveaux de pratiques concernant l'exercice de l'autorité parentale.

Quand les parents règlent leurs différends avec les enfants sur le mode du conflit (qu'ils en sortent vainqueurs ou perdants), les contentieux s'accumulent. C'est un facteur décisif dans la perte progressive de communication entre parents et enfants, et dans la distance sociale et affective qui peut s'établir ensuite.

Nos « sacs à douleurs » sont infiniment extensibles, et ce qui en ressort après macération est toujours décapant, voire toxique. La restitution aux parents des avanies subies par leur faute peut durer toute une vie.

Quand, au contraire, les relations sont garanties sur les modes du partage, de la négociation et *a minima* de la confrontation, l'attachement perdure au-delà de l'adolescence. Mais cette option suppose qu'à tout âge, les enfants soient pris en compte comme des interlocuteurs à part entière, et qu'aucun de leurs besoins ne soit considéré comme dérisoire.

L'usage des différents modes de résolution est donc intimement lié à la façon de concevoir les relations familiales. Les parents récoltent ce qu'ils ont semé : la tempête, le désarroi, la panique, le sable stérile ou du bonheur.

Règles de la « mécommunication »

Certains comportements types font que les très nombreux différends survenant dans la famille tendent à se muer systématiquement en conflits. Nous les avons appelés les « règles de la mécommunication », car leur usage conduit inéluctablement à des blessures et à des désordres.

Nous recensons ici ces comportements qui font échouer la relation et créent une situation favorable au conflit.

Lorsqu'on a un problème avec quelqu'un, qu'on est préoccupé par sa conduite, ses intentions supposées ou son comportement, on peut avoir tendance à :

- Parler d'autre chose que du problème tel qu'on le perçoit, de préférence soulever une autre question qui n'a rien à voir.

> La famille X habite en centre-ville. Pour des raisons diverses (en parti-
> culier financières), les parents envisagent de déménager vers la
> grande banlieue. Mais ils craignent les réactions de leurs deux enfants
> de 7 et 15 ans, très attachés à leurs copains et à leurs habitudes.
>
> Ils essayent de les habituer à l'idée par des voies détournées : ils par-
> lent de prendre un animal pour le benjamin, discutent de pollution
> avec l'aînée, rappellent qu'ils vivent loin d'une des grands-mères,
> inventent une perspective de changement d'emploi du papa…

- S'adresser à une autre personne que celle concernée, de préférence quelqu'un qui n'est ni impliqué ni déterminant dans le différend.

> Les parents entreprennent donc d'informer les voisins, les collègues
> de travail et les grands-parents de leur volonté de déménager. Seuls
> les enfants ne sont encore au courant de rien, et tout le monde doit
> donc leur mentir.

- En débattre dans un autre système que celui où se déroule l'événe-ment, de préférence dans un cadre étranger aux enjeux du problème.

> La décision n'est pas vraiment prise, les parents hésitent. Ils consul-
> tent un couple d'amis, le père en parle à son coiffeur, la mère à son
> patron, ils voient ensemble leur notaire et finalement ils trouvent un
> forum très intéressant sur Internet.

- Aborder le problème le plus tard possible avec les intéressés, de préférence quand il est trop tard pour le résoudre.

> Les parents sont décidés, cherchent et trouvent une nouvelle maison,
> mettent leur logement en vente par une agence choisie à l'autre bout
> de la ville. Les inscriptions dans les nouvelles écoles sont déjà faites :
> on en parlera aux enfants au moment de déménager, au mois d'août.
> Mais ceux-ci, n'ayant même pas pu faire leurs adieux aux copains,
> sont dans une rage noire. Cela restera comme une blessure très vive.

Cette conduite d'évitement est souvent motivée par la crainte de l'échange direct et de ses effets. On a peur de déclencher un conflit en abordant de front des questions délicates, et de devoir gérer la réaction de l'autre. On préfère penser que « ça finira par s'arranger », que l'autre se calmera, qu'il vaut mieux ne pas le brusquer, que quelques allusions l'amèneront en douceur à comprendre, etc.

Les personnes qui appliquent ordinairement ces règles de contournement confondent conflit et confrontation. Elles se privent de la confrontation en croyant éviter le conflit. Ce faisant, elles accumulent les contentieux non résolus, et organisent involontairement un système de relations pervers qui multiplie les quiproquos, installe l'hypocrisie comme base de la communication, et cultive une pépinière inépuisable de conflits.

Il est toujours plus facile d'éviter la confrontation ; mais cette conduite est parfaitement inefficace, et conduit par la suite au conflit.

La peur de la peur de l'autre

Ne pas confronter ses besoins avec l'autre revient à ne pas avoir confiance en lui. On évite de poser le problème car on suppose qu'il ne peut pas entendre, qu'il est incapable de communiquer sur un mode normal. On craint qu'il ne comprenne pas, qu'il interprète de travers ce qu'on pourrait lui dire, et évidemment qu'il réagisse mal. On invoque même, dans certains cas, le souci de le préserver. On décide donc à sa place de ce qu'il doit savoir.

C'est ce que nous appelons avoir « peur de la peur de l'autre ». Cette attitude conduit à de nombreux non-dits, dans les familles comme dans tous les systèmes[1]. Convaincue d'épargner des souffrances inutiles, l'autorité cache ainsi des choses qu'elle suppose sensibles. Mais les secrets finissent toujours par être révélés, et les dégâts directs et indirects du mensonge sont moins faciles à gérer que la vérité.

---

1. Ainsi, dans les entreprises, c'est elle qui justifie qu'on n'informe pas les salariés des réformes de structures. Or, à terme, elle a les mêmes effets destructeurs.

Un enfant ne restera pas un bébé toute sa vie. Une situation sociale se modifie forcément. Un problème caché, non traité, verrouillé dans le silence ou le secret, continue à faire son travail de sape, et empêche l'évolution des protagonistes. Lorsqu'il se révèle, ses effets sont incontrôlables et toujours plus graves que s'il avait été traité au départ.

On ne peut pas se donner la chance de résoudre un différend avec quelqu'un dans le champ affectif si on ne lui donne pas tous les moyens de prendre position.

À faire

Pour prévenir et résoudre les conflits, y compris dans les relations affectives :

- affronter, élucider, dire les choses qui nous paraissent sensibles ;
- parler crûment de ce qui nous affecte, comme on le ressent, sans détour ni faux semblant ;
- en parler quand le problème apparaît, c'est-à-dire quand on peut encore le résoudre ;
- quand on a un problème avec quelqu'un, le traiter avec lui exclusivement ; car cela le concerne, il a le droit de savoir et de choisir sa position ;
- traiter le problème dans le cadre où il se pose, car c'est dans ce cadre que se trouvent les accès, les moyens et les énergies nécessaires à sa solution.

Les conflits à l'école

Boîte noire

La cour de récréation est un autre lieu des apprentissages sociaux. Les enfants y entrent souvent en conflit. Les enseignants qui surveillent la cour y apportent des réponses diverses : laisser faire, punir l'enfant qui les dérange, réprimander celui qui se plaint, inviter les enfants à se débrouiller entre eux, intervenir très tôt, tenter d'élucider qui a tort et qui a raison, arbitrer selon la confiance accordée à tel ou tel, sanctionner celui qui fait le plus de bruit, etc.

Dans la jungle

Les enfants savent ce qu'ils peuvent faire avec tel ou tel surveillant, et adaptent leurs comportements. Quand les surveillants sont plutôt passifs, la cour devient un bouillon de culture du conflit. On y apprend à se moquer, à menacer en cachette, à faire des coups en douce, à organiser des clans, à s'en prendre à un isolé, à provoquer une réaction bruyante pour faire punir la victime, à ne pas laisser de blessures visibles qui déclencheraient l'implication forcée de l'autorité, etc.

Les dominants en herbe sont les rois de cette jungle de bitume aux apparences civilisées. Les autres enfants y cultivent entre eux, sans ou malgré les adultes postés là très officiellement, leurs capacités de confrontation, de négociation et de partage.

Tout cela a lieu loin des capacités de régulation des parents, qui ne peuvent intervenir qu'à contretemps, en ayant toujours bien du mal à décrypter ce qui s'est vraiment passé entre les grilles qui ceinturent la cour.

Pas vu, pas su, pas entendu

D'autant que les personnels dits « éducatifs » sont peu enclins à partager ce qu'ils considèrent comme leur domaine réservé, et évidemment peu informés. Interrogés sur un incident, ils prétendent qu'« il ne s'est rien passé », qu'« ils n'ont rien vu », et que « ce ne sont que des affabulations ».

À vrai dire, en matière de gestion des conflits, les compétences de ces personnels ne sont pas plus élevées que celles des parents : ils font simplement ce qu'ils peuvent, et ne sont pas convaincus d'être payés pour cela.

L'école ne produit que du savoir ; elle n'use de discipline que pour encadrer cette production. Certes, les enfants y acquièrent une part importante de leurs capacités de socialisation. Mais c'est par la force de l'accumulation des contraintes, de la promiscuité permanente et des richesses des ressources comportementales apportées par les uns et les autres.

Dans ces conditions, il est difficile aux parents de suggérer des modes de résolution adaptés et efficaces à leurs enfants. Il leur est encore plus difficile de les aider à les appliquer en leur absence. Ils peuvent cependant procéder à une mise en perspective des événements qui ont eu lieu, en ne reprochant jamais à l'enfant la conduite qu'il a mise en œuvre, et en l'invitant à en essayer une autre la prochaine fois.

Les maîtres du conflit

En classe, les différends entre élèves et enseignants concernent essentiellement les formes de la relation, le travail fourni, le respect de la discipline, le respect des instructions dans l'exécution des travaux ou l'apprentissage lui-même.

Face à ces différends, les enseignants, comme toutes les autres formes d'autorité, ont le choix entre la confrontation et le conflit.

Des pouvoirs exorbitants

Cependant, la relation sociale entre maître et élève présente des caractéristiques particulières.

En effet, pour l'enseignant, elle cumule :

- l'écart entre son statut d'adulte et le statut d'enfant confié de l'élève ;
- l'autorité de la fonction d'instruction ;
- l'autorité de la fonction de discipline appliquée à la classe ;
- la responsabilité civile et administrative du maître ;
- l'écart entre son statut de salarié et le statut de récipiendaire de l'enfant.

© Groupe Eyrolles

Fort de ces pouvoirs exorbitants, face à une simple manifestation d'autonomie, l'enseignant risque de se situer systématiquement dans le conflit, sans d'ailleurs en avoir pleinement conscience. Il peut en effet finir par oublier qu'il a face à lui non pas des sujets entièrement soumis ou dépendants, mais des êtres humains qui vivent eux-mêmes dans différents systèmes d'autorité.

L'autorité de l'enseignant a cours sur tant de registres que l'élève ne peut revendiquer aucune égalité entre lui et le maître, ni aucun droit pour lui-même, ni exiger qu'on respecte ses besoins ou ses ressentis. Dans une entreprise, le salarié (au même titre que son chef) a des droits en tant qu'adulte et participant de l'entreprise : le droit du travail, la notion de harcèlement, etc., constituent autant de garanties.

Officiellement, les droits de l'élève sont établis par la loi commune et l'interdiction de la sanction corporelle.

L'élève peut donc subir normalement l'ironie, des jugements acerbes voire des insultes de la part de l'enseignant. La menace, tout comme l'interdiction de pouvoir s'expliquer, de se déplacer ou de se livrer à telle ou telle activité font partie de l'arsenal répressif. Certaines pratiques aberrantes, comme de sanctionner des comportements à travers les notes ou d'imposer des travaux inutiles en guise de punition, ont cours. En revanche, il est impensable que l'élève puisse en retour, se rebeller, crier à l'injustice voire insulter, menacer... cet enseignant.

Des conduites banales

De la part des enseignants, les conduites répressives, voire agressives ou dévalorisantes – en un mot conflictuelles – sont d'une grande banalité. C'est un paradoxe, car ils disposent pourtant d'une batterie de pouvoirs[1] impressionnante qui devrait leur permettre de les éviter.

---

1. La notion de pouvoir est neutre. Elle désigne les attributs dont dispose une personne dans un système pour imposer de fait des décisions ou des fonctionnements. Elle est largement explicitée dans *Développer son autorité, op. cit.*

L'usage du conflit est la réponse spontanée de tout enseignant qui n'a pas su construire de meilleurs leviers d'influence.

Le conflit est la voie de la facilité, surtout quand on dispose de très larges pouvoirs et que l'usage des leviers de coercition est consensuel. Les conduites des enseignants comme des parents souffrent de cette latitude. Il n'y a pas de discipline des modes de résolution des différends imposée aux parents ni aux enseignants. Les uns et les autres expriment donc naturellement leur incompétence relationnelle en se servant des expédients qui sont à leur portée. Presque personne ne viendra leur reprocher de les manier… sauf peut-être leurs élèves et enfants.

Tant que les enfants sont jeunes, il leur est difficile de débrouiller ce qui est juste de ce qui est inacceptable dans la façon dont ils sont encadrés ; mais dans leur for intérieur, ils sentent bien à quel point certains comportements répressifs sont aussi blessants qu'ineptes et abusifs.

Il est toujours impressionnant pour un enfant de constater qu'un adulte dispose de tant de pouvoirs, et recourt pourtant à des moyens de répression dérisoires et méchants. Outre que cela fait le lit d'adolescences explosives, cela lui enseigne que le pouvoir social permet le libre exercice de la brutalité, de l'irrespect et de la dominance.

À éviter

Quand un enseignant ou un parent utilise pour lui-même les ficelles du conflit, il éduque à la pratique du conflit.

L'enseignant modèle de confrontation

Mais comment faire autrement, et s'en tenir à une pure confrontation ? Fort heureusement, de nombreux enseignants y parviennent, dans la rigueur et le respect de leurs élèves. En les observant, on constate qu'ils organisent leur comportement autour d'un principe simple : l'enfant est une personne au même titre que l'enseignant. À

ce titre, il a les mêmes besoins et les mêmes attentes de reconnaissance, la même sensi-bilité légitime à l'agression quelle qu'en soit la
forme.

Certes, l'enfant est différent à tous points de vue : dans sa représenta-
tion du monde, dans son processus de développement et de socialisation, dans la structuration de son affectivité, dans sa physiologie, etc.
Mais il est notre égal dans sa requête d'identité, dans la douleur, dans
l'impact qu'ont sur lui les comportements sociaux de dominance.

L'échelle qui suit donne des repères aux enseignants pour évaluer
leurs propres pratiques vis-à-vis du conflit, et aux élèves des repères
pour mieux comprendre la relation et leur positionnement.

L'écart de puissance entre l'élève et le maître interdit que la relation
puisse se situer à un niveau supérieur à celui imposé par l'enseignant.
Il est clair que les enseignants qui fonctionnent au niveau 1 se
fichent pas mal de cette responsabilité : il est plutôt probable qu'ils
s'en régalent.

Les enseignants qui souhaitent progresser dans leurs pratiques de
refus du conflit peuvent aussi trouver des repères dans la partie qui
suit. Car un ressortissant mineur a les mêmes besoins de considéra-
tion qu'un ressortissant adulte, dans tous les univers.

Échelle des niveaux d'usage du conflit entre enseignant et élèves

4	Le maître reste poli avec ses élèves en toutes circonstances. Il ne porte jamais de jugement sur leur personnalité ; il ne fait aucune ingérence dans leurs intentions.
	Il se tient toujours strictement à l'usage de la confrontation, y compris quand l'élève use du conflit. Il n'est pas affecté personnellement par le comportement de celui-ci.
	Il suggère des négociations dès que la confrontation fonctionne correctement. Il enseigne aux élèves la confrontation et la négociation. Il prévient les conflits entre eux.
3	Le maître utilise la confrontation. Il traite tous ses élèves également. Mais il peut aller directement au conflit quand la conduite de l'élève dérape, et n'hésite pas à faire des remarques désobligeantes mais ciblées.
	Quand l'affrontement est passé, il revient à un mode plus serein. Il ne garde pas de contentieux. Il reste juste dans ses évaluations techniques malgré les problèmes de comportements.
	Il arbitre les conflits entre les élèves dans la classe.
2	Le maître ricane, affuble ses élèves de sobriquets déplaisants. Il les provoque pour devancer les écarts supposés de comportements.
	Il les hiérarchise, les met dans des catégories, disqualifie leur avenir social : « On ne fera rien de bon avec toi ».
	Il se montre rancunier et règle ses comptes à la première occasion. Il répond par le conflit dès qu'il est contrarié, quelle qu'en soit la raison. Il punit facilement, et donne des mauvaises notes à ceux qui le perturbent.
	Il ignore les conflits entre les élèves (tant que ça ne le touche pas directement), ou juge arbitrairement.
1	Le maître insulte les élèves qui font une erreur. Il met des zéros pour des vétilles, pour un aspect de forme. Il sanctionne *a priori* ceux qu'il a classés parmi les mauvais.
	Il exige pour lui-même des marques de déférence jusque dans le détail des formes de production. Il punit pour la moindre attitude qui lui donne l'impression qu'on se fiche de lui. Il fait des procès d'intentions et sévit en conséquence.
	Il agresse gratuitement ceux qu'il déteste. Il suscite et envenime les conflits entre les élèves.

Les conflits entre les autorités sociales et leurs ressortissants

Nous passons beaucoup de temps en relations avec les autorités de nombreux systèmes ; que ce soit à l'école, à l'hôpital, dans les commerces, les transports... nous vivons dans des environnements qui nous imposent des comportements précis, en conformité avec des lois ou des règlements.

La mission première des enseignants, des personnels médicaux, des commerçants ou des agents d'accueil, n'est pas de faire respecter l'autorité, au contraire des contrôleurs dans les transports, des policiers, des huissiers de justice, des agents de sécurité, des arbitres, etc. pour qui elle l'est.

Pourtant, les uns comme les autres sont amenés à imposer des règles, à distinguer les comportements acceptés et ceux qu'on refuse. Dès qu'un ressortissant enfreint la règle, il crée donc un différend entre lui et l'autorité, qui ne peut normalement se résoudre que par le retour à la norme du contrevenant.

Du métier de la confrontation

On n'attend pas des tenants de ces autorités qu'ils résolvent les différends par les voies de la négociation ou du partage : la règle doit s'appliquer justement.

Mais il leur reste le choix entre le conflit et la confrontation. Confronter les comportements inadéquats ou illégaux est leur métier. La difficulté, pour eux, est que l'écart de conduite du ressortissant peut être le fruit d'un refus d'obtempérer, ou seulement une tentative de faire ce qui lui plaît, indépendamment de l'autorité et du règlement.

Un groupe de jeunes fume dans le train ; le contrôleur arrive, leur signale que c'est interdit. Pour toute réponse, il obtient :

– On s'en fiche. On ne gêne personne. Qu'est-ce que vous allez nous faire ? On fait ce qu'on veut.

Leur conduite est conflictuelle, puisqu'elle vise à désarmer l'autorité et à la disqualifier.

> Hospitalisé, Georges ne peut pas supporter l'interdiction de fumer dans sa chambre ; incapable de se déplacer, il fume donc dans son lit. Surpris par une infirmière, il tente de se défendre :
>
> – Je sais bien que c'est interdit, mais je ne peux pas m'en empêcher… et puis je ne dérange personne… Vous pouvez bien fermer les yeux, pour cette fois, non ?

Ici, il n'y a pas de rébellion contre la règle, mais simplement un besoin qui pousse à la contourner et à l'enfreindre.

Dans les deux cas, les représentants de l'autorité ont pour obligation de confronter les comportements inconvenants, c'est-à-dire de faire cesser l'infraction. Mais ils peuvent eux-mêmes glisser presque sans s'en rendre compte sur le mode conflit.

> Si le contrôleur répond : « Toi, le plus grand, qu'est-ce que tu viens de me dire ? Tu devrais avoir honte. Tu as vu comment tu es fringué ? F…-moi le camp, bande de petits… », il dépasse le strict champ de ses attributions en faisant des commentaires sur la tenue des jeunes, leur valeur pour la société, leur moralité, et tout simplement en les tutoyant.

Il entérine alors le conflit comme mode de relation.

> En revanche, il peut légitimement leur dire : « Il est interdit de fumer ici. Vous devrez payer une amende. Si vous refusez d'éteindre vos cigarettes, j'ai également le droit d'appeler la police, qui montera dans le compartiment à la prochaine gare. »

C'est une confrontation.

Il peut enfin les menacer de dire à la police qu'ils ont essayé de l'agresser afin de les faire interpeller d'emblée.

Auquel cas c'est une agression de sa part.

De son côté, quels sont les recours de l'infirmière ? Faire à Georges un sermon aigre-doux, le traiter comme un enfant ou comme s'il n'avait pas toute sa raison ? Le traiter d'irresponsable, le menacer de le priver de quelque chose ?

Il s'agirait ici aussi de comportements conflictuels.

Sur le mode de la confrontation, elle se contentera de dire : « Je comprends que vous soyez dépendant du tabac, et si vous le souhaitez nous pouvons demander à un médecin de vous aider ; néanmoins, il est strictement interdit de fumer ici, pour des raisons de sécurité et de confort, et si vous persistez, nous serons obligés de vous faire quitter cette chambre. »

Neutralité

Les tenants d'une autorité sociale distinguent fréquemment très mal le conflit de la confrontation, et ont tôt fait de confondre tous les rôles d'autorité : éducateur, juge, parent, bourreau, maître et patron.

En cas d'infraction, celui qui a pour mission de faire respecter la règle fait référence aux valeurs qu'il incarne, à ses propres repères d'autorité et autres considérations morales. De son côté, le contrevenant fait de même, mais il n'a pas forcément les mêmes valeurs.

- Le règlement de l'hôpital interdit que l'on fume, et c'est mauvais pour votre santé.
- Je ne dérange personne ; et puis si je ne fume pas, je souffre. Je suis ici pour être mieux, non ? Et je suis libre de fumer à la fenêtre : après tout, dehors, ce n'est pas l'hôpital !
- Vous êtes impossible. Je vais vous faire renvoyer.

Or, le fait d'être en position d'autorité ne permet ni ne justifie que le tenant impose au ressortissant ses propres critères de jugement. Ceci est par nature un comportement conflictuel, c'est une violence faite à la personne sur les fondements de sa liberté et de sa personnalité sociale et morale.

Quand on occupe une fonction d'autorité sociale, on ne doit en aucun cas laisser s'exprimer sa propre personnalité, son idéologie personnelle, ses penchants, ou ses préférences pour résoudre les infractions. Car, autorité ou pas, c'est toujours une ingérence dans la personnalité et l'idéologie du ressortissant. C'est là où commence l'abus d'autorité ; et c'est ce qui envenime les conflits.

À faire

Charte de conduite du tenant d'une autorité sociale dans la résolution des différends en regard d'une infraction :

- Se présenter en titre et en fonction.
- Affirmer immédiatement l'objet de l'infraction de façon factuelle et du point de vue de la règle qui doit être identifiée, sans animosité.
- Prendre en compte la possibilité que le ressortissant ignore la règle et soit de bonne foi dans sa conduite.
- User exclusivement de la confrontation comme mode de résolution, éventuellement de la négociation à partir du moment où le fond et l'esprit de la règle sont respectés.
- Ne jamais outrepasser ses attributions, ni dans le discours, ni dans les actes, ni dans les moyens utilisés.
- Ne prendre argument que de raisons techniques ou réglementaires pour justifier son intervention, sa nature et ses modalités.
- Rester poli, respectueux et d'humeur égale en toutes circonstances, y compris quand le ressortissant dérape.
- Conserver des formes de relation neutres, sans manifestation émotionnelle ou sociale d'aucune sorte (agacement, impatience, mépris, ironie, etc.).

- Ne jamais parler de soi, de son histoire, ni de sa morale ou de ses valeurs personnelles ni imposer ses préférences.
- N'émettre aucun jugement ou commentaire, aucune appréciation sur la personne du ressortissant, ses choix ou ses préférences.
- Ne jamais se mêler de ses motivations, de ses attentes, de ses intentions, de ses ressorts psychologiques, mais seulement de son comportement observable.
- Traiter également tous les ressortissants, quelles que soient leurs caractéristiques personnelles, sociales, catégorielles, etc.
- N'entrer dans aucun débat hors du champ du différend, répondre aux questions concernant les faits et les modalités de l'intervention.

Bien entendu, ces règles peuvent sembler, dans les cas cités, souvent difficiles à appliquer : comment s'en tenir à la courtoisie quand on est soi-même agressé, mis en cause dans son identité et son intégrité ? Pourtant, en respectant ces consignes, chaque tenant de l'autorité se garantit de rester sur le mode de la confrontation, et dans le cadre précis de sa mission. Il sait ainsi que le recours éventuel à la coercition, voire au conflit, n'est pas de son fait, et il peut en tirer une légitimité et une assurance supplémentaires[1].

Les conflits politiques

Le monde politique est dominé par la concurrence. Le pouvoir ne se partage pas, et les rapports de force pour le conquérir se réduisent malheureusement à des pratiques conflictuelles.

---

1. Le tenant peut avoir affaire à des « nuisibles » déterminés à aggraver la situation. Il est alors d'autant plus nécessaire de se tenir à ces règles. Voir *Gérer les personnalités difficiles, op. cit.*

Des conflits obligés

Dans les autres contextes, le différend précède le conflit. Dans le champ politique, c'est la nécessité du conflit qui pousse à s'inventer des différends.

Quand un camp est en perte d'influence, il lui faut à toute force trouver des raisons pour affaiblir son adversaire. Dès lors, on épluche son programme pour y trouver matière à chicanes, y compris sur des éléments avec lesquels on est pratiquement d'accord.

La politique étant tout sauf une science exacte, il est aisé de monter des procès d'intention, d'accuser l'autre de conduire le monde à sa perte. La vérité n'a guère d'importance : ce qui compte, c'est ce qu'on peut faire croire à l'électeur, ce qui peut lui faire peur, hors de toute analyse. On fait donc assaut de démagogie, de faux-semblants, d'indignation, de malversations à partir d'idées simplistes.

Le plus étonnant est que le camp accusé réagit par d'autres agressions plutôt qu'en expliquant plus finement ses propositions. Comme si les électeurs étaient trop bêtes pour comprendre. Comme si la bascule de l'opinion était acquise dès qu'elle est perturbée par une accusation. Finalement, accusé et accusateur semblent tenir les citoyens dans le même mépris.

La bataille de l'opinion ne se gagne pas habituellement sur le terrain de la confrontation, mais sur celui du conflit. Chaque camp parle de rassemblement, d'élargissement, de rénovation des mœurs politiques... mais les mauvais coups sont distribués de plus belle.

Quand verra-t-on un parti se passer complètement des allusions et des mauvais procès, des piques inutiles et des manipulations, en se recentrant sur la seule promotion de son programme ?

Quand verra-t-on un parti qui ait le courage de tenir un bilan positif autant que négatif de l'action de ses adversaires ? Il risquerait, il est vrai, d'y perdre la frange la plus extrémiste de ses sympathisants. Allons, n'y pensons plus !

L'observation ou l'écoute d'un débat politique sont édifiantes : les coups les plus tordus, mais aussi les plus primaires, y sont utilisés. On coupe systématiquement la parole pour rompre la force d'une démonstration ; on parle en même temps que l'autre pour empêcher qu'il soit entendu ; on élève le niveau sonore pour brouiller la réception d'un échange sur un sujet embarrassant ; on parle longtemps sur un rythme dense et monocorde pour que l'auditeur perde le fil du propos précédent de l'adversaire, et pour avoir le temps de changer de sujet.

Généralités, insinuations et accusations se succèdent. On cherche à provoquer l'excitation de ses sympathisants en s'appuyant sur des arguments répétitifs, ou en feignant de s'emporter vivement sur un sujet émouvant et consensuel, etc.

Tous ces comportements sont profondément conflictuels, dans leur inspiration comme dans leurs effets. Ils annoncent les stratégies que développeront leurs auteurs en accédant au pouvoir... et montrent surtout la piètre estime dans laquelle le politicien tient les électeurs.

Choisir son camp

Le spectateur électeur peut donc choisir son camp soit :

- d'après ce que les deux parties ont réussi à stimuler dans ses convictions ou ses inquiétudes, en donnant sa préférence à celui qui a su lui faire peur en agitant la menace des risques encourus ;
- d'après les modes de comportement usités par les protagonistes, en donnant sa préférence à celui qui se tient strictement à la confrontation.

Certes, nos politiciens accèdent à la prise d'autorité sur l'État ; mais l'électeur a l'autorité sur leur désignation.

Nous sommes donc, au fond, les tenants de l'autorité politique ! Alors pourquoi ne pas utiliser systématiquement la règle n° 9 du chapitre 2 : « Quand l'un des deux protagonistes impose le mode conflit à l'autre, on lui donne nécessairement tort sur l'objet du débat. »

L'application drastique de cette règle en politique permettrait d'éliminer du jeu les dominants, les démagogues, les gourous égocentriques et pervers[1] qui, une fois élus, finissent toujours par mener la collectivité à l'échec.

On a le droit de rêver…

---

1. Ces notions sont détaillées dans *Développer son autorité, op. cit.*

Conclusion

Rigueur et affection

À l'issue de ce tour d'horizon des façons de gérer les différends et d'éviter les conflits, on peut penser que nous préconisons des attitudes un peu sèches et froides, qui « manquent d'humanité ».

Il faut donc lever ici une confusion : il ne s'agit pas de confronter la personne mais seulement son comportement.

De fait, plus nous éprouvons d'affection ou d'intérêt pour les personnes placées sous notre autorité, plus nous devons être rigoureux dans nos façons de mener les échanges.

Il s'agit simplement d'accepter l'autorité et les règles pour ce qu'elles sont, et de distinguer le différend du conflit. Le voyageur contrôlé dans le train n'a pas nécessairement plus envie d'une marque d'affection que d'une réprimande insidieuse. Ce n'est pas en rendant obligatoires des marques d'affection qu'on crée une véritable convivialité et la capacité au partage.

Cependant, dès lors que le mode conflit est circonscrit et que le respect mutuel est garanti dans les relations, le tenant de l'autorité peut se détendre et adopter des formes de comportements souriantes et empathiques si elles lui sont plus confortables. Il peut aussi rester tout à fait neutre, posé et bienveillant.

Fuite impossible

Dans une situation de conflit, la fuite peut être juste, salutaire et pertinente ; mais pour celui qui détient l'autorité, fuir les conflits revient à fuir sa fonction.

On peut parfaitement comprendre que l'effort de piloter, de confronter les autres ou de sanctionner, aille profondément à l'encontre des penchants naturels d'une personne. C'est respectable, et il est probablement judicieux pour elle de s'y conformer. Mais cela lui interdit du même coup d'occuper légitimement une fonction d'autorité.

La position de chef peut être tentante, mais elle a ses obligations désagréables ; en l'occurrence, tout évitement est une lâcheté. Il est donc toujours possible, si l'on ne s'en sent pas capable, de refuser un poste, une fonction ou une nomination qui requiert une posture d'autorité[1].

Mais pour ceux qui en font le choix, il est donc totalement inacceptable de refuser d'en assumer les exigences : cela fait partie du contrat qui les lie au système.

Avoir un cœur de pierre vis-à-vis du conflit

Que ce soit dans un univers affectif comme la famille, ou très matérialiste comme l'entreprise, la pratique du conflit est partout irrecevable. C'est le résultat d'un choix indépendant de la nature du différend.

Dans tous les cas, il affecte douloureusement et durablement le système, les protagonistes, l'autorité et l'environnement.

L'autorité ne peut se montrer faible ou timide face à ces comportements. Si elle peut les comprendre, elle ne doit en aucun cas les accepter, et encore moins les laisser se développer.

La moindre mansuétude vis-à-vis des conduites conflictuelles les entérine et les nourrit au détriment de tous. Même quand on aime quelqu'un, ce n'est pas lui montrer de l'affection que de tolérer de sa part l'usage du conflit comme mode de relation.

---

1. Malheureusement pour les parents, qui acquièrent la fonction d'autorité en ayant une progéniture, il faut bien qu'ils s'y prêtent même s'ils n'en ont pas spontanément le goût. La position leur impose quelques changements.

Un conflit peut naître et s'exprimer malgré l'autorité ; mais il ne peut durer et aboutir sans sa complaisance.

La maîtrise des modes de résolution des différends par le tenant de l'autorité exige donc de lui du courage, de la rigueur, de l'implication, mais aussi de la lucidité et la capacité à disqualifier le conflit dans tous les cas.

Évidemment, quand lui-même utilise le conflit, aussi peu que ce soit, il se disqualifie en tant qu'autorité, et perd toute légitimité pour réduire les conflits dans son champ de responsabilité.

S'il veut le maîtriser, le tenant de l'autorité ne peut donc accepter l'usage du conflit pour qui que ce soit, y compris pour lui-même. Il ne peut pas non plus, sans s'égarer, utiliser le conflit pour lutter contre le conflit. Ce serait lui donner de l'énergie. La fermeté n'est pas la bataille.

Il peut et il doit donc confronter inlassablement les conduites conflictuelles.

www.ingramcontent.com/pod-product-compliance
Lightning Source LLC
Chambersburg PA
CBHW071855200326
41519CB00016B/4392